IMI | 大金融书系
Macro-Finance Book Series

2015 Report on the Internationalization of
Chinese Banks

中资银行国际化报告

贲圣林　俞洁芳　顾　月　吕佳敏　等◎著

浙江大学互联网与创新金融研究中心
Center for Internet & Financial Innovation，Zhejiang University

浙江大学金融研究所
Institute of Finance Research, Zhejiang University

中国金融出版社

责任编辑：陈　翎　刘红卫
责任校对：李俊英
责任印制：程　颖

图书在版编目（CIP）数据

2015中资银行国际化报告（2015 Zhongzi Yinhang Guojihua Baogao）/贲圣林
等著. —北京：中国金融出版社，2015.12
　　ISBN 978 – 7 – 5049 – 8268 – 1

　　Ⅰ. ①2…　Ⅱ. ①贲…　Ⅲ. ①中资企业—银行—国际化—研究报告—中国—
2015　Ⅳ. ①F832.3

中国版本图书馆CIP数据核字（2015）第310460号

出版
发行　**中国金融出版社**

社址　北京市丰台区益泽路2号
市场开发部　　（010）63266347，63805472，63439533（传真）
网上书店　http://www.chinafph.com
　　　　　　（010）63286832，63365686（传真）
读者服务部　　（010）66070833，62568380
邮编　100071
经销　新华书店
印刷　北京市松源印刷有限公司
尺寸　170毫米×230毫米
印张　8.75
字数　140千
版次　2015年12月第1版
印次　2015年12月第1次印刷
定价　150.00元
ISBN 978 – 7 – 5049 – 8268 – 1/F. 7828
如出现印装错误本社负责调换　联系电话（010）63263947

2015 中资银行国际化报告

Report on the Internationalization of Chinese Banks

课题组简介 Group Profile

课题主持人

贲圣林　浙江大学互联网金融研究院院长，管理学院教授，中国人民大
　　　　学国际货币研究所执行所长

俞洁芳　浙江大学经济学院金融系副主任、副教授

课题组成员

顾　月　浙江大学

吕佳敏　浙江大学

姚华威　浙江大学

郑竹雯　浙江大学

曹　欣　浙江大学

合作机构

浙江大学互联网与创新金融研究中心（CIFI）

浙江大学金融研究所（IFR）

中国人民大学国际货币研究所（IMI）

课题协调人

胡珊珊　浙江大学管理学院互联网与创新金融研究中心办公室主任

The project team comprises the following members:

Prof. Ben Shenglin, PhD

Dean, Academy of Internet Finance, Zhejiang University,

Professor of Banking & Finance, School of Management, Zhejiang University,

Executive Director, International Monetary Institute (IMI) , Renmin University of China

Yu Jiefang

Associate Professor

Deputy Director, Department of Finance, Zhejiang University

Gu Yue

Master Degree Candidate

School of Economics, Zhejiang University

Lv Jiamin

Doctoral candidate

School of Economics, Zhejiang University

Yao Huawei

Master Degree Candidate

School of Economics, Zhejiang University

Zheng Zhuwen

Master Degree Candidate

School of Economics Zhejiang University

Cao Xin

Master Degree Candidate

School of Economics Zhejiang University

We apologize for not being able to provide you with the full version in English due to time constraint and other technical considerations. You are welcome to contact the authors for further information and inquiries. Thank you!

摊上写序的大事

按照常规和行规，书的序特别是新手写的书一般是要"外包"的，请个名家、大家什么的给咱们增色添彩、撑个门面，所以项目组的同仁也这样建议过，我呢一直没有表态，因为担心万一这书质量不高、销路不畅，岂不是对不起大师？几经磨蹭，时间过去了，我们团队同意不请他人作序，觉得"贲老师，这序你自己写"比较好。也许他们觉得我们应该把这本书的来龙去脉和读者汇报一下，而我被认为是最佳人选；也许他们觉得这序写得差一点儿也无大碍，一般没人看。不管怎样，反正这作序的光荣任务落在我自己身上。

但这序怎么写呢？写什么呢？这书我都没写过，写序就更没有经验了！本书的起源真的是个偶然，或者说是无心插柳柳成荫（虽然能否成荫目前未知），根本不是什么作者深谋远虑、精心策划而成的。

时间倒退到2014年初的某一天，中国人民大学国际货币研究所（IMI）正开始推出、推行由我这个刚刚出任执行所长的"新官上任三把火"提出的标准化、制度化管理方法，其中一项就是要在每年年初确定研究所当年的研究计划，并且建议IMI每位学术委员带头每年要完成一项课题的研究。我的IMI同仁们均很轻松地提出了他们计划研究的课题，而即将转行进入全职学术生涯的我心里有点儿发虚，因为二十年的金融实际工作经历使我在学术研究领域几乎空白。我不知从何入手，而要提交的题目必须和IMI的主题领域即人民币国际化相关，这至少是我对自己和IMI的要求。焦头烂额之余我决定结合自己在国际银行从业的经历与体会，提出"人民币国际化背景下的中资银行'走出去'战略研究"这样一个挺拗口甚至有点不伦不类的研究题目。出乎我意料的是这个课题居然获得了立项！我猜想IMI学术委员同意立项大概是顾念我多年服务IMI的情面，抑或是出于鼓励我勇敢走向学术道路的考虑！

101

转眼到了2014年5月，我南下杭州，开始自己学术研究的全新生活，或者说是我的第二人生。陌生的环境，陌生的领域，陌生的文化，没有团队，没有研究生，没有助手……面对很骨感的我的人生"新常态"，这个项目自然就不是我刚到浙江大学后的主要关注点。但时间说慢不慢地过去了，而这一拖就快年底了！多年来养成的职业习惯包括年终绩效考核时钟不停地提醒我，不能再拖了，想办法吧，创造环境、创造条件、创立团队！这期间，由于工作机缘我认识了浙江大学金融系的俞洁芳老师和她的研究生团队，抱着试试看的态度我鼓起勇气问他们是否愿意一起参与完成该项目，他们肯定的回答让我大喜过望，而且居然没有提出关于经费多少和怎么分等任何问题和条件，这是我第二人生所体验的一次不能忘怀的喜悦欢乐！就这样，我们的团队组建了；就这样，我们的项目开始了。不多久，我们在规定的今年3月底课题结题的最后期限前把基本框架和草稿完成了，兴奋地向IMI报告项目按时"基本完成"。可以交差了，难掩心中小小的侥幸与快乐。本来到此就可以见好就收了，但我们在随后IMI安排的讲座上汇报完项目情况后，感觉虽然研究项目可以算交差完成基本任务，但这个领域的研究却是刚刚开始，因为我们在研究过程中发现，国内外针对银行国际化经营的研究虽然不少，但是却极少有相关的量化衡量指标或者实证分析。受各种指数热的熏陶特别是IMI成功发布的人民币国际化指数的启示，我们团队觉得或许我们也可以在量化研究方面踏出一步，编制金融机构的国际化指数，编写国际化报告，而为此我们定了个看似简单的目标：今年发布指数，出版报告！这个想法应该是在今年5月形成的，但在当时这应该说是个非常大胆的决定，而我们的大胆更多是基于我们的执着或者是无知无畏：既然没有人做过，我们就来尝试！我们说干就干，很快就开始着手深挖工作。为了有序管理，提高效率，我们还煞有其事地将该项目命名为101（其他同时考虑的和以后陆续上马的项目则被编列为102、103、104……）。很快，我们开始面对这一不肯放手、继续研究的决定带来的意想不到的后果：（暑假）时间都去哪了呢？101团队其他成员发现如果要按照既定时间完成该项目，暑假便将没有了他们习惯了的长假，可贵的是他们毫不犹豫地去尝试克服了，估计是意识到我自己也只是在暑期（因太短其实都并不能算是暑假）休息了不到两个礼拜而已。可以说我们团队是过了个"新常态化暑假"，而对于这个变成新常态的时间安排、工作节奏，我的团友们要到了继续一起奋斗一段时间后（也就是最近）才真正认识到，这种新常态会持续下去！

时间往前快进到8月，我答应到中国银行国际金融研究所演讲。虽然最初拟订主题是"人民币国际化"，但考虑到101项目的可喜进展以及中国银行这个中国最国际化的银行的实践经验与该题目之相关性，我提议并得到中国银行的同意把我的演讲主题定为"中资银行国际化"。那次我把当时研究的"干货"在这个内部论坛上和中国银行的同仁们完全分享。在真诚交流中我们获得了许多非常有益的反馈和建议，并奠定了和中国银行国际金融研究所9月共同举办"2015中资银行国际化报告暨国际化指数发布"活动的基础。

感谢有你，必须的

出版一本书对于一名大学教授来说是太普通、太正常不过了（不知中国还有没有从未出过书的教授？），但是对我这个学术新手来说则完全不同：这本书将是我人生更是我进入学术界的第一本书，于我个人意义非同一般！本人激动之情暂且不表，但表示感谢是必须的，而且需要感谢的人好多！首先要感谢的是我的搭档俞洁芳和她带领的能干团队，这个年轻的团队成员中有还是硕士生的顾月，博士生超女吕佳敏，帅气阳光的姚华威，还有活泼乐观的郑竹雯。

我也要感谢我们的研究专家咨询团队：国务院发展研究中心产业经济部的赵昌文部长，上海黄金交易所的焦瑾璞理事长，光大集团的刘珺执行董事、副总经理，中国投资有限公司首席风险官赵海英博士，中国人民大学的赵锡军教授，上海银行的金煜董事长，中国农业银行的向松祚首席经济学家，中国银行的陈卫东副所长，中国银行业监督管理委员会政策研究局张晓朴副局长，厦门国际金融资产交易中心曹彤董事长，乐视王永利高级副总裁，中银香港发展规划部鄂志寰副总经理以及浙江大学金融研究所王维安所长。虽然由于他们工作繁忙加上我们的项目进展速度等多方面因素，我们这一版并未能足够得到各位专家顾问的指导，但也借此申明一下：本书的所有不足、错误之处完全不代表这些专家的水平。

我还要感谢杭州，这个让人容易梦想的城市。想到初来杭州时，作为一名学术研究者，我既没有官爵吸引别人，也没有银两可以诱惑天真少年；正感无助之际，想到杭州有个人说这里有"世界上最好的大学"，想起这个最好大学的一个普通毕业生发出的"梦想总是要有的，万一实现了呢"这句举世闻名的壮言，我茅塞顿开，也开始大谈理想，神侃梦想，居然还忽悠起了一个"梦想团队"，其中的事业合伙人胡珊珊就是第一个入伙的，她因此也是101项目经理。

我还要感谢浙江大学特别是管理学院的领导和同事们，感谢中国银行国际金融研究所和中国人民大学国际货币研究所的同仁们，他们的支持和帮助对我们而言是莫大的鼓励。我当然要感谢我的家人，他们的理解、鼓励、支持一直伴随着我一路走来。我不会忘掉要感恩这个伟大的时代，让我有机会走这么远：从农村走进城市，从中国走向世界，从国外回归祖国，从业界回归学术……让我有机会亲历中国金融机构的一路走来：国有金融机构商业化、股份制改革之旅，市场化和国际化之路。

万事开头难

新生事物不完美不必苛求，这是这个社会特别是大数据时代已经达成的基本公约。但坦率地说，即便如此，比起许多其他新生事物，这本书离完美差得更远，离我个人的不算苛刻的要求也还有较大的距离。但为何我会冒着粗制滥造之险、顶着急功近利之疑来迫不及待地出版这本书？我主要考虑的是该题目比较新，国际国内到目前并没有太系统的研究，虽然我不敢讲这本书会填补什么空白，但我们至少希望能抛砖引玉。公开出版可以聚焦学术界、金融界和政府对这一重要题目的关注、兴趣和讨论，让我们有机会在更大、更广的范围内吸纳更多批评意见，有利于我们未来的后续研究；同时这本书的数据资料均是我们团队人工收集，工作量大且数据时效性较强，今年不出版这期数据就得更新；或许是更重要的，因为本书是年度性的，今年出版等于是我们把自己带上一条"不归路"，等于是我们在此向外界宣示：我们将会继续追踪、深化并拓宽该领域的研究，且计划每年有新的年报和大家见面。对于我这样一个不算勤快、死要面子、有点任性的人来说，这种宣示估计是最好的一种约束、激励自己的方式了。

梦想，从三墩启航

2014年我成为了三墩镇的一个光荣居民，虽说是西湖区，但周边的环境告诉我三墩还处在社会主义新农村迈上城镇化的康庄大道上，年少时从农村侥幸跑出来的我三十多年后又回到这有点熟悉的环境偶尔不免有点儿惆怅。但偶遇一位三墩人，他也开始和我谈梦想，他说三墩是世界的未来中心，三墩将会是美国三藩（旧金山）和英国伦敦的结合：三墩有对标斯坦福大学的浙江大学，比邻未来科技城和梦想小镇，更有杭州建立与传统金融中心——伦敦对应的新经济时代互联网金融中心的宏伟蓝图，这多么激动人心的前景，梦想万一实现了呢？于是我马上憧憬起来。

如果这个梦想实现了，"中资银行国际化"这个项目也许就得改题了；因为那时全球就"中国化"了，中国化也可以说是国际化了，我们那时就需要研究"全球金融机构的国际化和中国化"了。而令人鼓舞的是，对这个题目的研究我们101团队不准备等那么久。我们，已经开始筹划了。

贲圣林

于三墩"未来的世界中心"

2015年 11月19日凌晨

2015 中资银行国际化报告

Report on the Internationalization of
Chinese Banks

目 录 Contents

Table of Contents

Figures

Tables

引 言 Introduction

1978年，中国对外开放逐渐展开；2001年，中国加入世贸组织全球瞩目；2013年，上海自贸区挂牌成立；2014年，"一带一路"战略正式提出……30多年来，我国对外开放进程持续推进，政府对企业"走出去"的政策导向愈发明确。

在此背景下，中国企业"走出去"的步伐不断加速，而在奔赴海外谋求发展的千军万马中，中资银行这样一个独特的群体也日益为公众所关注。一方面，中资银行的海外发展是中国金融市场对外开放的重要体现，其本身的规模、区位选择和模式探索都具有较大的研究价值；另一方面，银行是金融服务的重要供给者，为现代企业的发展提供了必不可少的金融支持，中资银行的海外发展现状既能反映中资企业的海外发展情况，也会对往后的中资企业国际化拓展产生重要影响。

截至目前，中资银行海外发展已初具规模。5家大型商业银行境外资产不断增加，境外分支机构分布日益广泛；股份制银行紧随其后，在周边国家迈出探索步伐；城市商业银行在完善国内发展的同时积极拓展海外业务，努力登上国际舞台。与此同时，各类中资开发性金融机构积极加强国际合作与国际金融支持，在自身"走出去"的同时为其他金融机构以及中资企业的国际化发展助一臂之力。除此之外，近年来中资银行的海外业务开拓也愈发丰富与多样，跨境并购逐渐兴起，成为中资银行进行海外扩张的一种重要手段，仅2006—2008年，中资银行海外收购额就超过了100亿美元。

随着人民币国际化不断加快和"一带一路"战略积极推进，中资银行的国际化步伐将势必掀开新的篇章。因此，充分了解发展现状、积极把握发展机遇、总结传承海外经验、合理规划机构布局、制定完善发展战略对中资银行而言显得尤为重要。本报告着眼于中资银行的海外发展，首先对目前中资银行所处的国内外经济新形势进行了详细分析，其次对中资银行国际化现状做出了整体描述，然后建立合理完善的指标体系形成中资银行国际化指数（CBII）以衡量其国际化水平，并从中资银行的指数表现、境外经营、全球网络布局以及模式选择等方面对CBII进行了详细解读，最后在此基础上对中资银行未来的发展前景予以展望，提出相应的战略规划构想。

2015 中资银行国际化报告

Report on the Internationalization of
Chinese Banks

第一章　Chapter 1

国际国内新趋势

经过三十多年的改革和发展，我国经济取得了举世瞩目的成就。2010年我国 GDP总量为40.89万亿元，占全球 GDP的9.5%，首度超过日本成为全球第二大经济体，外汇储备规模更是连续多年稳居世界第一。但近些年，我国所处的经济环境开始出现了巨大转变，主要体现在国际和国内两个层面。

1.1　国际经济呈现新格局

近年来，国际经济发生深刻变化，国际格局和国际秩序加速调整，全球经济增长不平衡问题日渐突出，发达经济体和新兴经济体内部经济增长分化不断加剧。

从主要发达经济体的经济增长来看（见图1-1），各国分化愈见明显。

首先是以英国和美国为代表、国际金融危机后经济恢复较快的发达国家，尽管受2008年国际金融危机影响最大，但快速灵活的经济应对政策（若干轮的量化宽松货币政策，甚至一些会计准则的改变）使其经济金融体系迅速修复，消费者信心逐步恢复，失业率稳步下降，经济增速基本回升到2%~3%的水平。

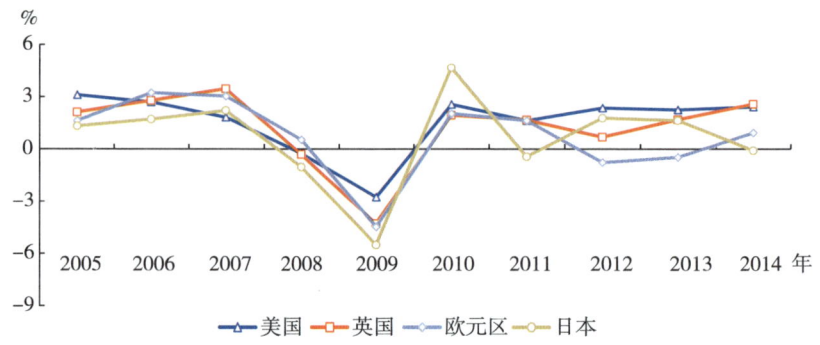

数据来源：浙江大学CIFI，Wind资讯。

图1-1　主要发达经济体2005—2014年GDP增速

　　其次是以欧元区和日本为代表、经济增长动力不足的发达国家，经济恢复之路漫漫。欧元区需求不足、负债率失业率双高以及主权债务风险等问题严重束缚了其经济发展，通胀紧缩顽疾难以改善。日本人口老龄化、创新动力不足、中小企业经营惨淡等难题短期内难以化解，再加上过于积极的财政政策使日本财政债务风险持续积聚，在安倍上台后，日本政府债务已从2013年初的994万亿日元增加到2015年6月的1057万亿日元，债务占比高达235%（见图1-2）。

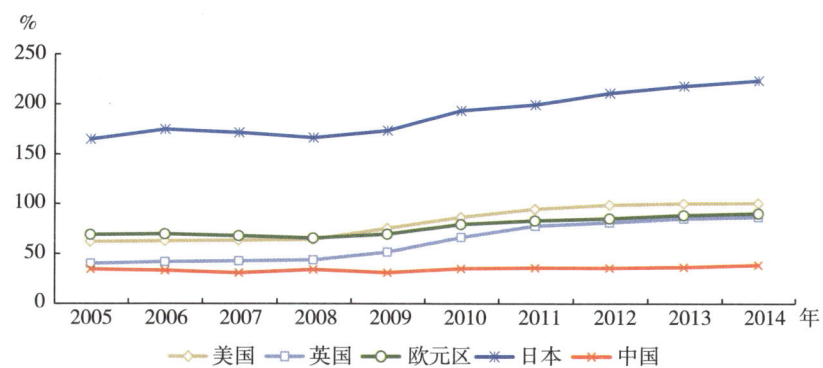

数据来源：浙江大学CIFI，Wind资讯。

图1-2　主要经济体2005—2014年政府债务占GDP比重

　　从主要新兴经济体经济增长来看（见图1-3），其内部分化也日渐加剧。
　　首先是以中国和印度为代表的一些经济体制改革力度较大、经济政策比较灵活的新兴经济体。中、印作为世界上人口最多的两个国家，已然成为世界经济增长的重要引擎，但受全球环境以及自身发展阶段的影响，中、印经济增长同步放缓。据统计，中国2014年GDP同比增长7.4%，创下近10年以来的新低，2015年第一季度、第二季度GDP同比增长均为7%，经济下行压力仍然较大；印度2015年第一季度、第二季度GDP同比增长分别为6.01%、7.14%，相比2014年稍有回落。

5

其次是以俄罗斯、巴西和南非为代表的增长遇到困难、微观机制不够稳固、宏观政策不够稳健的新兴市场国家。尤其是受东欧动荡、国际油价在内大宗商品价格的影响，资源型国家俄罗斯和巴西出现负增长，经济复苏需要相当长的时间。

总而言之，全球货币政策的分化、政治外交博弈与经济交织影响加深、区域经济一体化与经济全球化的碰撞等相互影响不断加强，包括美国在内的几乎所有国家都面临自身内部经济结构的调整，全球经济的不确定性逐步增加。因此，在出现大规模科技革命之前，在全球治理机制没有发生根本性变革之前，全球经济预计还将长期处于低速增长态势。

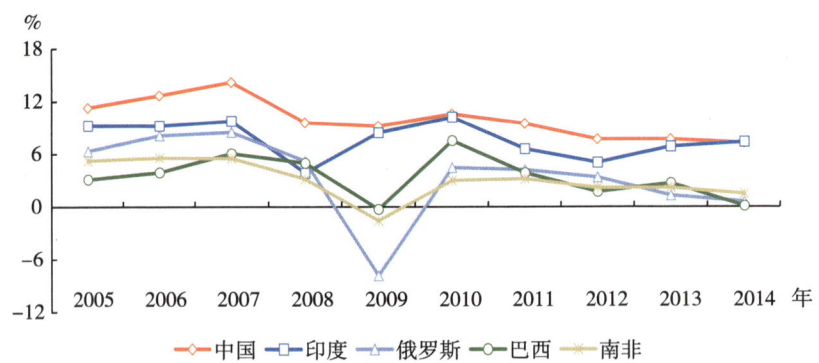

数据来源：浙江大学CIFI，Wind资讯。

图1-3　主要新兴经济体2005—2014年GDP增长率

1.2　国内经济步入新常态

从我国国内环境来看，经济逐步进入新常态。

首先，我国GDP增长率从2007年的高峰14.2%降到2014年的7.4%（见图1-3），经济从超高速增长阶段进入中高速增长阶段。同时，人口老龄化加剧、人口红利消失等问题逐渐突出。2015年上半年，在外需疲弱、产能过剩和去杠杆等因素影响下，GDP增速继续下行，降低至7%。

其次，对外直接投资额持续高速增长，2014年我国双向投资首次接近平衡（见图1-4）。商务部数据显示，我国对外投资额自2006年起不断上升，2010年更是首度超过日本、英国等传统投资大国跃居全球第五位，开始逐步成为资本输出大国。2014年全年，我国境内投资者共对全球156个国家和地区的6128家境外企业进行了直接投资，累计实现对外直接投资1160亿美元，与同期我国吸引外资规模仅差35.6亿美元，是我国双向投资按现有统计口径首次接近平衡。更值得一提的是，根据非官方数据统计，若是加上我国企业在国（境）外的利润再投资和通过第三地的投资，2014年我国对外投资规模已达到1400亿美元，首次成为资本净输出国。从这个意义上来说，2014年可以称为是我国资本发展元年。

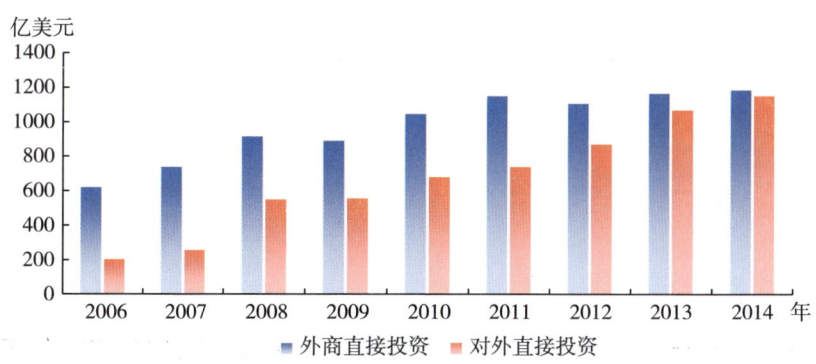

数据来源：浙江大学CIFI，中华人民共和国商务部。

图1-4 2006—2014年我国外商直接投资和对外直接投资额

再次，经济结构出现调整，产业转型升级需求迫切。近些年，投资和进出口对我国经济增长的贡献有所下降，前些年由房地产业大发展带动经济腾飞的发展模式将告一段落，而服务和消费对国内生产总值的拉动日益明显。与此同时，创新创业在促进经济持续增长、改善资源短缺和环境污染问题、实现可持续发展中的重要性逐渐凸显，国家对此的鼓励和政策倾斜日益加强。根据全球创业观察组织（The Global Entrepreneurship Monitor，GEM）每年发布的世界主要国家早期创业活动指数（Total Early-stage entrepreneurial Activity，TEA）[①]可知，我国TEA从2012年的12.8上升到2014年的15.5，且高于美国2014年的13.8，创新创业活跃度全球领先。可以预见，"大众创业、万众创新"在促进我国产业与企业转型升级、打造坚实微观基础中将发挥越来越重要的作用。

最后，中产阶层逐渐扩大，城市化进程加快推进。随着城乡居民收入增长，我国中产阶层不断壮大，这不仅会带动消费增长、促进公共服务改善，还会带动公民权利意识的提升。而且，同发达国家相比，我国当前的城市化水平相对较低，2014年城市化率仅为54.41%（见表1-1），未来还有较大的提升空间。

表1-1　2008—2014年中国与主要国家城市化率水平对比

单位：%

国家	2008	2009	2010	2011	2012	2013	2014
中国	46.54	47.88	49.23	50.57	51.89	53.17	54.41
美国	80.44	80.61	80.77	80.94	81.11	81.28	81.45
英国	80.76	81.03	81.30	81.57	81.83	82.09	82.35
日本	88.91	89.74	90.52	91.25	91.90	92.49	93.02
韩国	81.73	81.84	81.94	82.04	82.14	82.25	82.36

数据来源：浙江大学CIFI，世界银行。

---

① TEA=经营期限3.5年以内的企业创立者人数/劳动人口人数（18~64岁）。

同时，"十三五"规划也明确提出到2020年我国常住人口城镇化率将达到60%，这需要每年城市化率提高1个多百分点，约有一千多万人。由此可见，我国城市化进程的持续推进将为我国经济的增长带来持续的动力。

1.3　"一带一路"引领新战略

"一带一路"包含"丝绸之路经济带"和"21世纪海上丝绸之路"两个部分，是中国当前乃至今后十年最重要的战略规划之一，其顺利实施将实现中国与欧亚国家贸易优势互补和区域经贸协同发展，具有重大的历史意义。

一是我国可以通过"一带一路"战略将过剩的外汇资产投入新兴市场国家和欠发达国家的基础设施建设，作为拉动全球经济增长的资本金，以资本输出消化过剩产能。同时，加强与沿线重要资源国的合作，对于我国多元化获取资源具有重要意义。此外，我国目前东西部发展仍有较大差距，西部地区相对地广人稀工业少，通过"一带一路"可以加大对西部的开发，有利于战略纵深开拓和国家安全。

二是中泰"高铁换大米"计划、中巴经济走廊、匈塞铁路等"一带一路"具体项目的实施，为我国企业"走出去"创造出了难得的历史机遇。从地域上看，处于"一带一路"战略节点上的公司将直接受益，如边境地区的新疆、云南、广西等；从行业属性上看，"一带一路"沿线国家大多为欠发达国家，基础设施落后，城镇化程度较低，基建需求最为明显，因此大型基建行业，比如建筑施工、电力设备、钢铁建材等行业可以借此机会将过剩的产能进行释放。

三是"一带一路"的建设带来资金的互联互通。伴随着中资企业的"走出去"，为其提供金融服务的国内金融机构也必将加快"走出去"的步伐。仅中国银行一家便准备在未来三年，出资1000亿美元支持企业"一带一路"的产业布局；中国建设银行已确立"一带一路"相关项目资金需求约2000亿元人民币，将通过"信贷、融资、引资"三轮驱动，为"一带一路"提供金融支持；国家开发银行则启动了"一带一路"重点项目储备库，涉及64个国家约900个项目，投资金额逾8000亿美元；中国工商银行也已在"一带一路"境外沿线国家储备项目131个，投资金额达1588亿美元。除传统银行业外，巨量的资金需求还需要通过金融创新来解决。目前，我国已经发起设立亚投行和丝路基金，但这也只能解决部分资金问题。未来，沿"带"沿"路"国家和地区还将通过各种金融创新，包括发行各种类型的证券、设立各种类型的基金和创新金融机制等来解决资金需求问题，从而带来更多的红利和机遇。

1.4 金融体系涌现新变化

近些年，我国金融市场运行总体平稳，以资本市场加速开放、人民币国际化、金融互联网化为核心的金融变革不断涌现。

1.4.1 资本市场开放程度逐步提高

20世纪90年代以来，我国资本市场的国际化程度一步步提升。1992年B股市场的建立、1993年H股市场的开放，为境内企业上市筹集资金开辟多条途径。此后，2001年中国正式加入世界贸易组织，并开始主动实施一系列开放资本市场的政策。在人民币不能自由兑换、资本项目尚未开放的情况下，QFII、QDII和RQFII等制度陆续推出，成为引进外资、开放资本市场的重要过渡性制度。截至2015年8月28日，我国QFII、QDII投资额已经分别达到了767.03亿美元和899.93亿美元，RQFII额度为4049亿元。

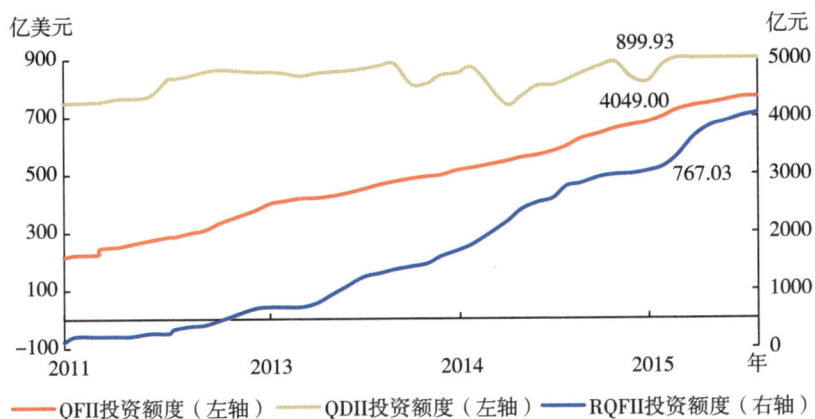

数据来源：浙江大学CIFI，Wind资讯。

图1-5 2011—2014年我国QFII、QDII、RQFII投资额

　　而近两年来，随着我国开放型经济金融新体系的构建，我国资本市场国际化脚步进一步加快。2013年9月29日中国（上海）自由贸易试验区正式成立，成为上海建设国际金融中心的关键突破口；2014年11月17日，沪港通开通仪式在上海和香港交易所同时举行，使中国内地金融市场进一步向海外投资者开放；2015年5月26日，英国富时集团启动两个新兴市场指数，纳入中国A股，其初始权重为5%；5月27日，上交所、中金所与德意志交易所集团在德国法兰克福成立合资交易所，共同建设离岸人民币金融工具交易平台，成为对中国资本市场双向开放的有利推动，从而进一步推动人民币国际化进程。

1.4.2　人民币跨境使用规模范围齐升

　　从2003年我国首次允许边境贸易使用人民币结算，并委任中银香港为香港人民币业务清算行开始，我国人民币国际化道路至今已经走过了十多年。据环球银行金融电信协会（SWIFT）统计，2015年8月，人民币已成为全球第二大贸易融资货币、第四大支付结算货币（见图1-6）、第六大外汇交易货币，人

民币国际化进程有了丰硕成果。具体表现在以下几个方面：

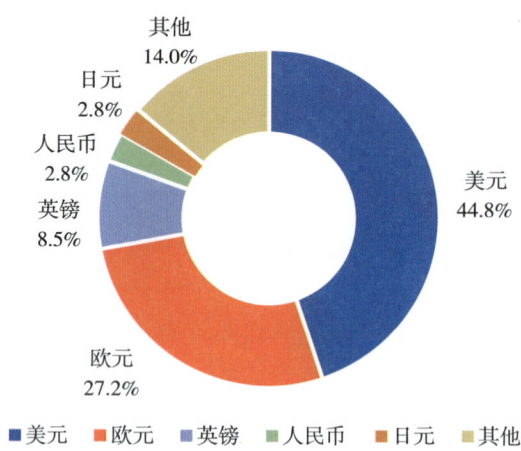

数据来源：浙江大学CIFI，SWIFT报告。

图1-6 2015年8月国际结算货币占比

一是人民币在跨境贸易和直接投资中的使用规模稳步上升。2014年，经常项目人民币结算金额6.55万亿元，同比增长41.6%。对外直接投资（ODI）人民币结算金额1865.6亿元（见表1-2），同比增长117.9%；外商直接投资（FDI）人民币结算金额8620.2亿元，同比增长92.4%。人民币开始成为中国政府部门涉外经济统计、核算、管理中的计价货币。

表1-2 2011—2014年直接投资人民币结算金额

单位：亿元

年份	对外直接投资（ODI）	外商直接投资（FDI）	合　计
2011	159	907	1066
2012	262	2544	2806
2013	1034	4816	5850
2014	1866	8620	10486
累计	3321	16887	20208

数据来源：浙江大学CIFI，中国国家外汇管理局。

二是人民币的国际使用范围逐步扩大。截至2014年12月底，中国境内（不含港澳台地区，下同）银行的非居民人民币存款余额为22830亿元，主要离岸市场人民币存款余额19867亿元，人民币国际债券未偿余额5351.1亿元。此外，据不完全统计，截至2015年4月底，境外中央银行或货币当局持有人民币资产余额约6667亿元。

三是人民币国际合作取得显著成效。截至2015年5月底，中国人民银行已与32个国家和地区的中央银行或货币当局签署了双边本币互换协议，协议总规模约为3.1万亿元人民币，本币互换协议的实质性作用明显增强。此外，中国人民银行还在覆盖东南亚、西欧、中东、北美、南美和大洋洲等全球15个国家和地区[①]建立了人民币清算安排，以便更好地支持人民币发挥区域计价结算货币功能。

毫无疑问，人民币国际化已经成为不可阻挡的趋势。在人民币的支付功能和价值功能不断得到强化后，人民币的计价功能也将逐步实现，这意味着在未来，以人民币计价的资产走势将深度影响新兴市场乃至全球金融市场的价格走势，从而为提升人民币的国际竞争力保驾护航。

1.4.3　互联网金融呈现爆发式发展

2013年以来，我国互联网金融发展迅速，P2P、众筹、第三方支付等互联网金融发展模式日趋丰富。具体特征如下：

P2P平台数量增长迅速且集聚东部沿海，风险问题凸显。从数量来看，自2007年中国首家P2P平台成立后，国内P2P平台迅速增加，截至2015年9月底，我国P2P平台已达2189家。从区位分布来看，浙江、广东等东部沿海发达省

---

① 15个国家和地区分别为：中国香港、中国澳门、中国台湾、新加坡、英国、德国、韩国、法国、卢森堡、卡塔尔、加拿大、澳大利亚、马来西亚、泰国、智利。

份P2P发展居突出地位。其中，广东省成交量高达846.44亿元，位列第一，浙江、北京、上海、江苏分居第二至第五位。从风险暴露来看，全国P2P问题平台平均占比为38%（见图1-7），风险隐患巨大。其中，海南P2P平台问题率为83%，居各省之首，山东、广西、江苏和四川位列前五。与其形成对比的是，北京风控管理较为完善，249家P2P平台中仅50家出现问题，问题平台占比为20%。

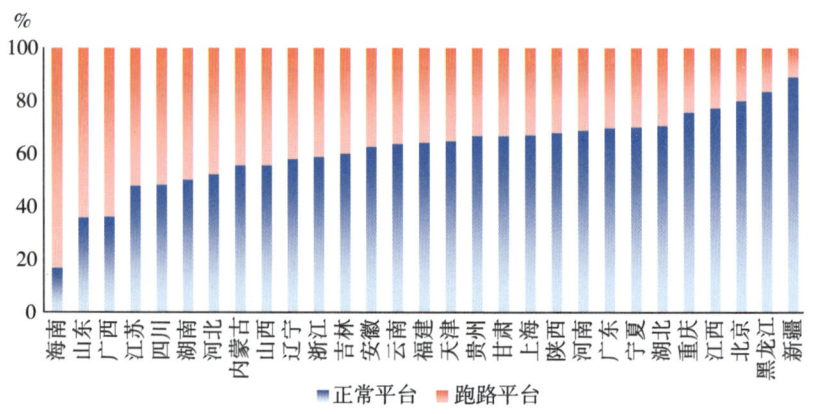

资料来源：浙江大学AIF。

图1-7　各省P2P问题平台（包括跑路、提现困难、停业等）数量占比

　　众筹平台数量增长迅速，以股权众筹为主。截至2015年6月底，国内众筹平台已达235家，正常运营211家。其中，股权类众筹平台数量最多，占全国总运营平台数的46.45%，公益众筹平台占比最少。同样，国内众筹平台多位于经济发达的沿海地区，北京数量位居第一。

　　第三方互联网支付交易规模增长迅速，支付宝等少数企业占据主要市场份额。2014年全年中国互联网第三方支付交易规模达8万亿元，同比增长50%以上，其中支付宝市场占有率达49.6%。与此同时，部分规模较小的第三方支付机构风险管控能力较弱，在规范经营方面存在较大安全隐患，对用户的信息和资产安全造成威胁。

除P2P、众筹、第三方互联网支付外，互联网银行、互联网证券、互联网保险等互联网金融模式也在蓬勃发展。在互联网、大数据、社交网络和云计算等现代信息科技的推动，以及大众普惠金融意识不断加强的影响下，互联网金融对我国的经济发展将产生更加显著的影响。

1.5　金融机构加速"走出去"

国际新格局和国内新常态将为中资金融机构带来极大的挑战，而"一带一路"新战略、资本市场加速开放、人民币国际化进程持续推进、互联网金融所带来的资金融通效率的提高以及模式的创新将为中资金融机构带来巨大的机遇。在此机遇与挑战交融共生的复杂背景下，市场对我国金融机构的国际化程度提出了更高的要求。

目前来看，由于商业银行在规模、科技、人才等方面优势突出，中资金融机构对外扩张仍以各大商业银行为主，其中又以5家大型商业银行为最，而证券、保险、基金等金融机构的国际化程度则相对较低。从表1-3中可以明显看出，无论是从境外分支机构数、境外资产、境外营业情况，还是海外并购数量看，大型商业银行都具有绝对优势。但与花旗银行、汇丰银行等国际大银行相比，我国银行业在国际化程度上仍存在一定差距，这主要体现在海外业务规模偏小、全球化程度较低，海外网络布局和客户结构不均衡，海外产品和服务能力偏弱等方面。

表1-3　中资金融机构境外业务情况

单位：家，亿元

项目	5家大型商业银行	股份制商业银行	证券公司
境外分支机构数	1018	—	85
境外资产	86185.18	3981.30	—
境外收入	1685.74	83.35	47.74
境外利润	920.30	51.69	15.19
海外并购数	21	4	3

数据来源：浙江大学CIFI，各类金融机构2014年年报。

　　截至2014年，120家中资证券中仅有小部分证券公司已涉足境外发展，并且多通过设立或投资方式取得位于我国港澳、英属维京群岛及开曼群岛等地的境外子公司，其中以中信证券为主要代表：2014年，中信证券境外分支机构达24家，境外利润9.15亿元，占其总利润的13.33%。与此同时，中资证券也开始利用并购方式进行境外扩张：2013年，中信证券以9.42亿美元的价格获得里昂证券80.1%的股权；同年7月，广发证券全资子公司广发期货向法国外贸银行支付3614.21万美元初步对价，获得NCM期货公司100%股权；2014年12月，海通证券旗下子公司与Novo Banco签订购买协议，以3.79亿欧元收购BESI的目标股份。此外，2013年，太平洋证券出资3120万元，与老挝农业发展银行、老挝信息产业有限公司在老挝境内设立合资证券公司。

　　中资保险的境外发展水平较之银行、证券更低，其境外发展主要依托跨境保险实现，多以旅游观光、商务出行、境外求学等短期业务为主，受季节、政策等外在因素的影响较大。5家上市保险公司（中国人寿保险、中国平安保险、中国太平洋保险、新华人寿保险、中国人民保险）目前均在中国香港拥有分支机构。此外，中国安邦保险公司在境外的收购活动十分活跃：2014年10月

6日收购纽约华尔道夫酒店；10月13日收购比利时保险公司FIDEA；2015年2月收购荷兰VIVAT保险公司100%股权与韩国东洋人寿57.5%股权，成为首家进入荷兰与韩国保险市场的中国保险企业；2015年6月，又收购比利时德尔塔·劳埃德银行。这一年内的5起境外收购让中国安邦的国际化发展有了质的飞跃。

中资基金管理公司境外发展尚处于起步阶段。截至2014年12月底，在中国注册成立的基金管理公司共有95家，内资49家，中外合资46家，管理资产合计66811.36亿元。

因此，为了加大金融支持企业"走出去"力度，推动稳增长、调结构、促升级，2014年12月24日举行的国务院常务会议提出，将通过取消境内商业银行在境外发行人民币债券的地域限制，简化境外上市、并购、设立银行分支机构等核准手续，完善人民币跨境支付和清算体系等措施，将金融机构"走出去"拓宽到银行、保险、证券公司等广泛的机构领域。与此同时，2015年5月，国务院发布了《关于加快培育外贸竞争新优势的若干意见》，提出要进一步优化进出口关税结构，逐步实施国际通行的退税政策，完善出口退税分担机制，鼓励金融机构"走出去"，加快金融机构海外布局。在这些利好政策的推动下，中资金融机构国际化的步伐将进一步加快。

第二章　Chapter 2

中资银行国际化现状

中资银行根据目标导向的不同可以分为中资商业银行和中资开发性银行，前者以营利为最终目标，其海外发展步伐多与自身发展战略、发展水平以及机遇的把握相适应；后者因带有国际政策倾向和扶助性质，国际化业务多与大型基础建设挂钩，同时也更加注重各类国际交流平台的搭建，强调银行自身的金融服务性质，助力其他金融机构与各类行业的国际化发展。

中资商业银行和中资开发性银行之间存在较大差异，因此下文将分别从中资商业银行和中资开发性银行两个方面来进行论述。

2.1 中资商业银行国际化现状

截至2014年12月底，我国银行业金融机构共有法人机构4091家，从业人员376万人，包括3家政策性银行、5家大型商业银行、12家股份制商业银行、133家城市商业银行、665家农村商业银行、89家农村合作银行、1596家农村信用社、1家邮政储蓄银行、4家金融资产管理公司、41家外资法人金融机构、1家中德住房储蓄银行、68家信托公司、196家企业集团财务公司、30家金融租赁公司、5家货币经纪公司、18家汽车金融公司、6家消费金融公司、1153家村镇银行、14家贷款公司以及49家农村资金互助社。同时，5家民营银行获批筹建，其中有1家开业，1家信托业保障基金公司设立。

从资产规模角度来看，大型商业银行、股份制银行、农村中小金融机构和邮政储蓄银行分别以41.2%、18.2%和16.5%的规模占比居于前列（见图2-1）。

"走出去"战略作为中国对外开放基本国策的重要组成部分，与"引进来"相对应，强调中资企业与机构的海外发展。中资商业银行的国际化伴随着中资企业的"走出去"展开积极探索。下文将从中资商业银行境外经营成果、境外业务发展和境外机构网络三个方面，对其国际化现状进行简要分析，具体分析将会在本报告的第四章展开。需要说明的是，中资商业银行的国际化发展一直以大型商业银行为龙头，其他银行的海外扩张虽逐步迈开步伐但是差距仍然非常大，数据可得性也较差，因此下文将主要针对大型商业银行进行分析。

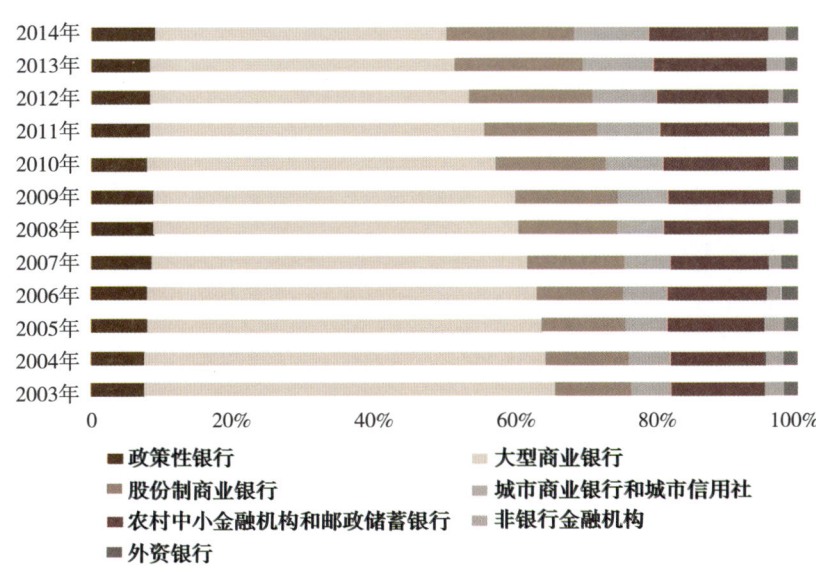

数据来源：银监会2014年年报。

图2-1 2014年中国银行业金融机构市场份额（按资产，%）

2.1.1 境外经营初具规模且盈利能力较强

从各中资商业银行的境外资产来看，截至2014年12月底，大型商业银行境外资产总额已达到86185.2亿元（见图2-2），比2013年年底增加了18817.7亿元，增长27.9%。其中，中国银行因其历史原因最早开展国际化业务，其2014年境外资产为45590.9亿元，占大型商业银行境外资产总额的一半以上，居绝对领先地位。中国农业银行虽境外资产规模目前最小，仅有5903.6亿元，但相比于2013年年底增幅高达66.3%，7年年均增速51.0%，发展速度十分喜人。此外，股份制银行的国际化发展起步较晚，与大型商业银行相比更是差距甚远，2014年境外资产总量最高的中信银行仅为1986.3亿元，随后第二、第三名依次为招商银行（1268.9亿元）和浦发银行（503.9亿元）。

从境外盈利能力来看，截至2014年12月底，大型商业银行境外营业收入总额和税前利润总额分别为1723.6亿元、944.6亿元（见图2-2），同比增长29.49%和32.76%，均高于资产增速（27.9%）。具体来看，中国银行2014年实现境外营业收入886.96亿元、税前利润531.93亿元，同比增加22.73%和28.98%，分别较其境内营业收入和税前利润增速高出13个和23个百分点；中国工商银行实现境外营业收入529.6亿元、税前利润245.7亿元，同比增长35.52%和28.00%；中国农业银行实现境外营业收入113.68亿元、税前利润41.6亿元，同比大幅增长76.77%和39.69%。

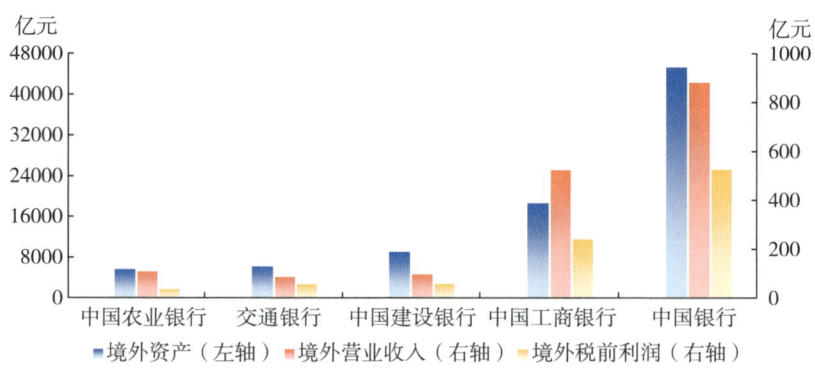

数据来源：浙江大学CIFI，各行2014年年报。

图2-2　大型商业银行2014年境外资产、营业收入及税前利润对比

随着各银行境外发展需求的不断扩大、经验的不断积累、信誉的不断增强以及不受存贷比限制等有利因素影响，各银行纷纷加大了对其境外机构的支持。2015年上半年，交通银行向其法兰克福分行增拨营运资金2亿元，为首例

中资金融机构境外人民币增资。更普遍的是，为保证全行外币流动性安全，支持海外机构业务发展，各银行近些年均适度加大了同业拆借交易。

2.1.2　境外业务逐步本土化

近几年，中资商业银行海外业务发展较快。从存贷款业务来看，大型商业银行存贷款余额连续8年均稳步上升（见图2-3），截至2014年12月底，大型商业银行境外存款余额32524.26亿元、贷款余额41485.72亿元，存贷比127.6%。相比于2013年，境外存款余额上升21.1%，贷款余额上升18.5%，大型商业银行的国际竞争力显著加强，对支持国家对外贸易、对外交流及侨汇工作的开展也开始发挥越来越积极的作用。

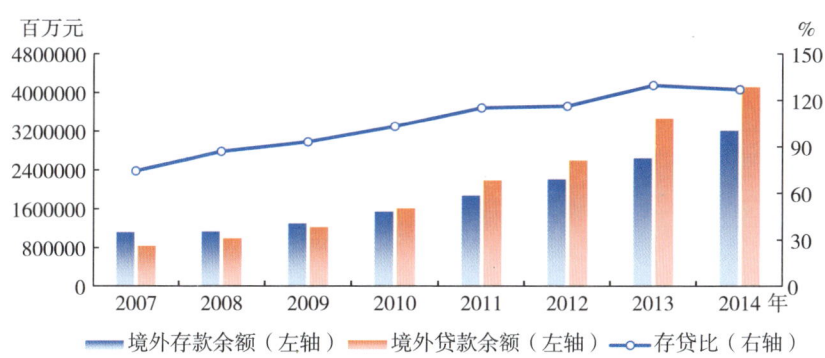

数据来源：浙江大学CIFI，各行历年年报。

图2-3　大型商业银行历年境外存贷款情况

值得一提的是，近些年大型商业银行国际化的业务重点出现两个明显变化：

一是境外零售业务加强。随着大型商业银行境外零售客户的沉淀，其境外业务发展重点不断向零售业务倾斜。截至2014年12月底，中国银行海外机构累计有效发卡量已突破450万张，并推进理财产品研发，建立海外机构财富管理中心；中国工商银行则成立了欧洲区私人银行中心；中国建设银行自2014年12月底开始在香港地区发行"中国建设银行"统一品牌信用卡，截至2015年4月末发卡量已近50万张，成功实现了信用卡业务在海外市场的首次试水。

二是对跨境人民币业务愈加重视。例如，中国银行建立了覆盖全球的人民币清算体系，先后获得中国人民银行授权，成为中国香港、中国澳门、中国台湾、法兰克福、巴黎、悉尼、吉隆坡、匈牙利及南非人民币清算行，在中国人民银行指定的17家离岸人民币清算行中占有9席。中银香港人民币RTGS系统已成为离岸人民币市场的重要金融基础设施，参加行超过220家。中国建设银行于2014年获得伦敦地区人民币清算行资格，成为中国人民银行首次在亚洲以外的国家（地区）选定的人民币清算行，截至2015年10月，其清算总量已突破4.5万亿元，并且2015年10月20日其在离岸市场上发行的人民币债券也首次在伦敦证券交易所上市。2015年3月23日，中国工商银行加拿大子行在多伦多宣布启动人民币清算行服务，标志着北美首个人民币业务清算行正式启动。截至2015年10月，中国工商银行代理跨境人民币清算业务总金额已达200多亿元。而交通银行则选择了境外资产托管这条"捷径"，于2013年率先在中国香港设立了托管中心。

以上大型商业银行的境外业务发展趋势表明，其已从单纯满足中资企业"走出去"的需求转向服务当地客户，在境外逐渐"扎根发芽"。

2.1.3 全球网络雏形形成

中资商业银行的境外机构广泛分布于全球主要国家和地区，截至2015年12月底，中国银行、中国工商银行、中国建设银行均已完成在世界主要金融中心的布局，境外机构基本覆盖亚洲、欧洲、北美洲、拉丁美洲、大洋洲五大洲。

在大型商业银行中（见图2-4），中国银行和中国工商银行境外机构远多于其他3家银行，其中，中国银行的分支机构更是多达628家。2014年，两家银行均在超过40个国家和地区建立了分支机构，而在2007年，中国银行机构所在国家数仅为28家，中国工商银行仅为13家（2014年中国工商银行的海外分支机构国家数为41家）。而中国建设银行、交通银行与中国农业银行同样拓展了自己的经营范围，2014年机构所在国家数目均超过10家。

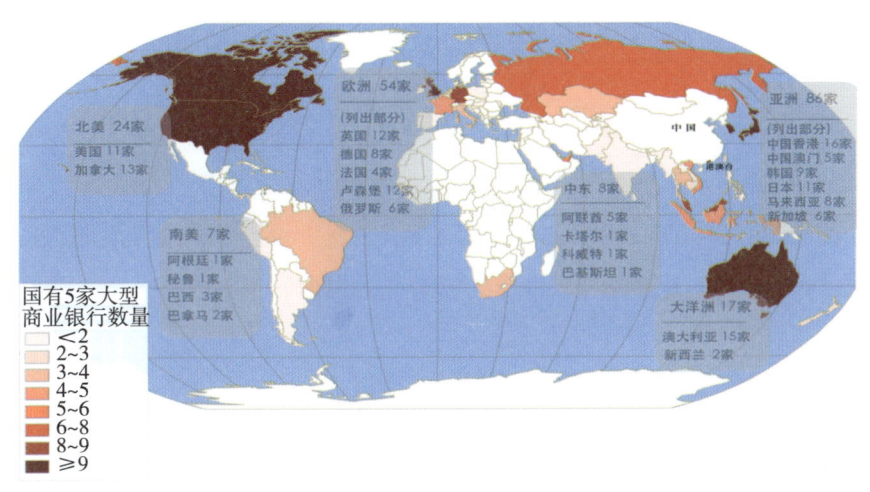

数据来源：浙江大学CIFI，各行官网及历年年报。

注：图中统计的各行海外分行及分支机构，不包括支行、代表处。

图2-4　大型商业银行境外机构区位布局

在12家股份制银行中，7家银行有境外分支机构（包括分行、控股公司与代表处）。其中，招商银行境外机构数量最多，8家分支机构中有3家分行（中国香港、纽约、新加坡）、3家代表处（美国、伦敦、中国台北）以及两家境外全资子公司。

除建立境外分支机构外，中资银行也积极与国外各家银行建立代理行关系，如交通银行与全球142个国家和地区的1658家银行建立了代理行关系。

除大型商业银行与股份制银行外，其他中资商业银行主要可以分为城市商业银行、农村中小金融机构和邮政储蓄银行。尽管农村中小金融机构和邮政储蓄银行资产份额更高，但其主要市场为大陆城乡，基本不涉及海外市场。而城市商业银行受地域和资金的限制，虽然有海外发展的愿景，但迄今为止海外份额同样几乎为零。城市商业银行的境外发展多体现在代表处的设立与境外代理行的签订。例如，北京银行在中国香港与阿姆斯特丹设有代表处；上海银行与全球130多个国家和地区的1600多家境内外银行及其分支机构建立了代理行关系。

总而言之，迄今为止大型商业银行因其规模、政策、技术等方面的优势，相比其他银行机构，更早地开始了境外探索，其境外发展脉络也更为清晰；股份制银行虽比大型商业银行逊色很多，但也迈出了海外发展的步伐；其他商业性银行机构则仍将国内市场的探索作为当前的主要任务。

2.2 中资开发性银行国际化现状

开发性金融机构是政策性金融机构的深化，以国家信用为基础，以市场业绩为支柱，通过贯彻国家政策，实现政府的发展目标。开发性金融机构往往通过自身的政策、资金优势帮助国家实体经济的发展，随着国际化进程的不断推进，开发性金融机构也亟须走上国际舞台。一方面，其资助或服务的对象在积极探寻海外发展的可能性，这便需要开发性金融机构具有发展海外业务的渠道与能力；另一方面，开发性金融机构本身可以利用开放的契机进入更为广阔的世界市场，实现更高层次的发展。

目前，我国的开发性银行主要包括3家政策性银行（国家开发银行、中国农业发展银行、中国进出口银行）。此外，2014年我国参与建设了多项重大的开发性金融项目，它们的发展战略与区位选择在很大程度上体现了中资银行未来的发展方向。

2.2.1　中资开发性银行：建设跨境交流平台，促进企业境外发展

由于中国农业发展银行以农业和农村经济发展为服务重点，其境外发展环节较为薄弱，因此，报告重点分析探讨国家开发银行和中国进出口银行的境外发展情况与特点。

1. 国家开发银行：以贷款与合作推动境外发展

国家开发银行主要通过开展中长期信贷与投资等金融业务，为国民经济重大中长期发展战略提供服务，致力于以融资推动市场建设和规划先行，支持国家基础设施、基础产业、支柱产业以及战略性新兴产业等领域发展和国家重点项目建设，促进区域协调发展和城镇化建设，支持保障性安居工程、中小企业、"三农"、教育、医疗卫生以及环境保护等领域的发展，支持国家"走出去"战略，拓展国际业务合作。

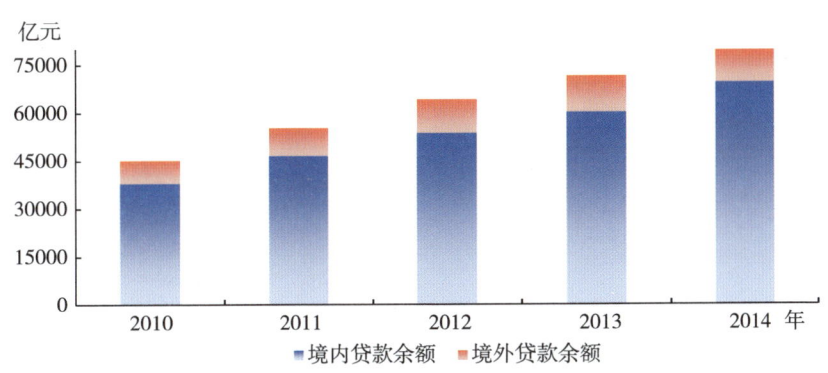

数据来源：浙江大学CIFI，国家开发银行历年年报。

图2-5　国家开发银行境外贷款情况

国家开发银行境外贷款基本呈增长态势，由2011年的7305.71亿元增加至

2014年的10085.83亿元，且境外贷款余额在总贷款余额中的占比平均水平为15.43%。同时，国家开发银行积极参与国际合作项目，2013年，其参与推动落实上合银联体、中国—东盟银联体、金砖国家银行合作机制等多项多边金融合作成果，推动与世界银行在非洲开展实务合作，发挥中非发展基金、中葡基金等对外投资平台的作用；2014年，国家开发银行继续推进基础设施、清洁能源、中小企业等领域的国际合作，推动五矿联合体收购秘鲁拉斯邦巴斯铜矿等一批重大项目实施。目前，国家开发银行参与设立丝路基金，积极服务"一带一路"建设，努力发挥上合银联体和中国—东盟银联体的平台支持作用。

目前，国家开发银行在中国香港设有分行，在开罗、莫斯科、里约热内卢与加拉加斯设有代表处，并同106个国家和地区的707家银行建立了代理行关系。由此可见，国家开发银行的境外业务主要通过境外贷款实现，并通过积极组织参与国际合作项目提升自身的国际地位与影响力，拓宽国际业务渠道，从而更好地服务于中资企业"走出去"。

2. 中国进出口银行

中国进出口银行成立于1994年，总部设于北京。其主要职责是扩大我国机电产品、成套设备和高新技术产品进出口，推动比较优势的企业开展对外承包工程和境外投资，促进对外关系发展和国际经贸合作，提供金融服务。截至2014年，中国进出口银行在境外设有巴黎分行、东南非代表处和圣彼得堡代表处，并与1000多家银行的总分支机构建立了代理行关系。

中国进出口银行的业务多涉及海外，目前主要业务有信贷业务（包括出口卖方信贷、出口买方信贷、进口信贷业务、"两优"贷款业务和转贷业务）、贸易金融业务（包括国际结算、结售汇、保函、贸易融资、同业贸易金融合作、跨境人民币业务和互联网电子渠道服务）、金融市场业务（包括人民币资金交易业务、投资管理业务、外币资金业务、代客资金业务和非金融企业债务融资工具承销业务）。其中，"两优"贷款是指中国政府援外优惠贷款和优惠出口买方信贷，作为唯一承贷行，中国进出口银行全面落实了中国政府对非洲、东盟、南亚、中亚、中东欧、南太及加勒比等地区的贷款承诺。而转贷业务则是指外国政府及国际金融机构贷款转贷业务，2014年中国进出口银行新签转贷协议金额10.28亿美元，年末贷款余额169亿美元，其转贷业务共涉及23个国家和7个国际金融机构（见图2-6）。

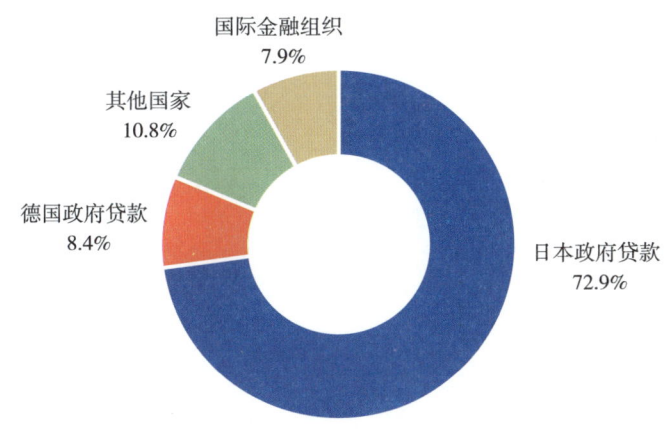

国际金融组织
7.9%

其他国家
10.8%

德国政府贷款
8.4%

日本政府贷款
72.9%

数据来源：浙江大学CIFI，中国进出口银行2014年年报。

图2-6　2014年中国进出口银行转贷业务贷款余额国别分布

中国进出口银行的国际业务带有更为浓厚的政策性特点，其资金流向体现了政府意志，其海外合作项目也带有一定的互助性质。但可以肯定的是，同其他开发性金融机构一样，中国进出口银行也在积极谋求海外发展，无论是更为广阔的国际交流平台，还是更为多样的境外业务，都对其自身与中资企业的"走出去"有着十分重要的推动作用。

2.2.2　国际开发性银行：中资积极参与，推进区域合作

2014年，中国政府组织参与了一些关注基础设施建设的国际间开发性金融

机构，本节将对其中最为突出的两个代表机构进行分析。

1. 金砖国家开发银行

金砖国家开发银行（New Development Bank，以下简称"金砖银行"）的概念最早于2012年提出，英国《金融时报》评价这一设想称：金砖银行将成为1991年欧洲复兴开发银行成立以来设立的第一个重要的多边贷款机构。2014年7月15日，金砖国家领导人第六次会晤在巴西举行，共同发表《福塔莱萨宣言》，宣布正式签署金砖银行协议，银行法定资本为1000亿美元，初始认缴500亿美元，由5个创始成员（巴西、俄罗斯、印度、中国、南非）平等出资。金砖国家财长共同研究确定银行运营模式，银行首任理事会主席来自俄罗斯，首任董事会主席来自巴西，首任行长来自印度。银行总部设于上海，同时在南非设立非洲区域中心。

根据《福塔莱萨宣言》，金砖银行将本着稳健的银行业经营原则，深化金砖国家间合作，作为全球发展领域的多边和区域性金融机构的补充，为金砖国家以及其他新兴市场和发展中国家的基础设施建设、可持续发展项目筹措资金。同时，构建共同的金融基础设施可令金砖国家内部的资源转移更加有效，提高其金融运行效率。

从中国视角看，金砖银行可以成为中国参与国际多边治理，发挥中国在全球金融体系话语权的重要载体和平台，而总部选址上海也有利于上海国际金融中心的建设战略；同时，其成立为人民币的跨境使用和国际化提供了一条新途径。从金砖银行本身的视角看，金砖银行将成为国际金融体系的重要补充，它可以通过出口融资促进金砖国家之间的本币融资，通过培育金砖国家间的支付和结算系统，帮助深化金砖国家的资本市场。

总之，金砖银行作为新兴国家合作性开发金融机构的代表，自身具有跨境的国际特性，其服务对象针对金砖国家与新兴市场，中国作为创始成员与总部所在国，将在其中发挥重要的作用并受益匪浅。

2. 亚洲基础设施投资银行

2014年10月24日，包括中国、印度、新加坡等在内的21个首批意向创始成员国的财长和授权代表在北京正式签署《筹建亚洲基础设施投资银行备忘录》，决定成立亚洲基础设施投资银行（Asian Infrastructure Investment Bank，以下简称"亚投行"）。截至2015年4月15日，意向创始成员国增至57个，多数亚投行成员国经济规模较小且包含了所有东盟成员国。亚投行是一个政府间性质的亚洲区域多边开发机构，重点支持基础设施建设，总部设在北京。

根据《筹建亚洲基础设施投资银行备忘录》，亚投行的法定资本为1000亿美元，初始认缴资本目标为500亿美元左右，实缴资本为认缴资本的20%。目前，各意向创始成员国同意以国内生产总值衡量的经济权重作为各国股份分配的基础，因此中国将持有最大股份。

表2-1 亚洲基础设施投资银行意向创始成员国

奥地利	澳大利亚	印度尼西亚	韩国	马耳他	阿曼	俄罗斯	芬兰	巴西
柬埔寨	阿塞拜疆	哈萨克斯坦	老挝	尼泊尔	波兰	新加坡	德国	文莱
以色列	孟加拉国	吉尔吉斯斯坦	蒙古国	新西兰	南非	西班牙	冰岛	中国
意大利	格鲁吉亚	塔吉克斯坦	缅甸	菲律宾	瑞典	土耳其	印度	丹麦
科威特	马来西亚	沙特阿拉伯	荷兰	葡萄牙	瑞士	阿联酋	伊朗	埃及
卢森堡	马尔代夫	乌兹别克斯坦	挪威	卡塔尔	泰国	英国	约旦	法国
越南	巴基斯坦	斯里兰卡						

数据来源：浙江大学CIFI，新华网。

亚投行的成立是中国继金砖银行后积极参与国际金融体系建设的又一举

措，通过亚投行，中国政府希望传递"互联互通是区域经济共同发展的关键"这一理念。对于要发展亚洲价值、亚洲创造、亚洲投资、亚洲市场的亚洲国家而言，互联互通是大家的共同需要，而基础设施建设是互联互通的基础和优先发展领域。亚洲开发银行的数据显示，目前约有32%的贷款发放到交通基础设施领域，因此亚投行的成立不仅增加了亚洲地区基础设施融资供给的能力，更有助于大幅度提高资金的使用效率。

构建中资银行国际化指数（CBII）

　　企业国际化是指一个企业的生产经营活动不再局限于一个国家，而是面向世界经济舞台的一种客观现象和发展过程，主要体现在生产国际化、销售国际化和管理国际化三个方面。金融机构作为一类特殊的企业，其国际化是指该金融机构基于商业利润目标，积极在海外拓展分支机构，形成广泛的国际网络，全面发展国际业务的过程。

　　在中国的金融实践中，银行占据重要地位，其国际化进程一方面由自身的全球发展战略推动，另一方面也得益于改革开放后大量中资企业的"走出去"实践。现阶段，改革开放持续深化，"一带一路"如火如荼，在不断发展变化的国内外环境下，中资银行需对以往的发展成果和经验予以梳理，明确当前的国际化形势，适应世界格局和国家政策，以期在国际舞台上有更为不俗的表现。因此，我们对中资银行的国际化现状进行了探讨，并编制了中资银行国际化指数（Chinese Banks Internationalization Index，以下统称CBII）以便读者更直观地了解中资银行的国际化发展程度，也期望从一个侧面反映中国金融市场的开放与发展。

3.1　CBII定义

　　中资银行的国际化发展包含"硬实力"与"软实力"的全面提升。"硬实力"通过具体的数字得以体现（如境外机构数量、境外资产、境外营业利润等），可以展示一家银行国际化的基本水平；而"软实力"则无法通过简单的量化指标完全展现（如在国际金融业界的话语权、定价权等），且"软实力"的发展是国际化发展的更高水平。因"软实力"衡量标准难以确定，我们本次暂时以"硬实力"为主要描述对象，报告所述"中资银行国际化"是指中资商业银行基于商业利润目标，积极在海外拓展分支机构、参与跨境并购，形成广泛国际网络，全面发展境外存款、贷款、国际结算等国际业务的过程。

报告首次尝试编制CBII，选取可以代表银行经营特性的指标综合评估其境外经营状况，是定量评估中资银行国际化程度的全新测度指标。希望通过CBII的编制，综合反映我国银行业的国际化程度，使各中资银行正确认识自己目前的发展水平及市场地位；并通过数据的实时更新反映其动态进程，分析中资银行在国际化进程中出现的新挑战和机遇，有利于中资银行更好地制定下一步的国际化发展战略。同时，CBII也为评估其他金融机构的境外发展水平提供了一个可借鉴的方法与思路。

需明确的是，CBII体系强调中资银行的境外发展而非国外发展，港澳台均以境外地区计算，主要是考虑到港澳台的市场规则、开放程度等更接近国际市场，中资银行在这些地区的业务尝试与探索亦是对国际市场的接触与适应。同时，我们也以中国银行为代表，分析了其境外与国外发展的差异，以完善整体分析框架。此外，中资银行对国际化发展的探索目前仍以大型商业银行和股份制银行为主，因此，CBII仅针对这两类银行进行国际化评价，除此之外的城市商业银行与农村商业银行等其他商业银行国际化探索较少且对其是否有必要进行国际化发展仍有较大争议，我们不将其纳入指数测算体系；开发性银行等带有国家意愿的金融机构经营目的和策略与商业银行差异较大，也不作为CBII评价对象。

3.2 CBII 编制

CBII体系的构建从指标选取到模型建立，始终遵循全面性、科学性与动态性的总体原则，在100多位专家的指导下，选择可测量指标构建指数体系。

3.2.1 CBII编制原则

第一，全面性和系统性相结合。我们在选取CBII指标时除关注中资银行进入境外市场的方法、路径外，还强调了中资银行进入境外市场后的业务开展状况，力图使CBII既反映中资银行在世界范围内的覆盖广度，又体现其在某一地区的发展深度，尽可能合理、真实、全面地反映中资银行在境外的发展情况。既注重单个指标的概念与内涵的同时，也注意了指标之间的系统性和相关性，使整个指标体系多元统一，从不同角度、不同层次对中资银行国际化做出综合反映。

第二，坚持科学性与可操作性。CBII的设计，基于传统国际金融、公司金融和商业银行经营管理理论，结合中资银行海外发展的现状和特点及具体案例，既揭示了中资银行国际化的普遍规律，又反映出不同类型银行海外发展的差异性，所有指标选取、权重确定均由约100多位专家评分得出。同时，为更好地了解中资银行海外发展的现状，我们尽可能地确保数据的可得性与可操作性，对于少量无法直接获取的数据，结合已有数据和信息进行估算，提高数据可信度。

第三，兼顾稳定性与灵活性。为确保评估结果的现实解释力和可持续性，CBII的指标及其权重设法保持了一定的稳定性，减少频繁变动，但稳定并不意味着僵化。中资银行"走出去"是一个长期战略，其海外发展在不同阶段也有着各自的特征。为准确、客观地反映中资银行国际化进程，我们在编制CBII的指标及其权重时会与中资银行的国际化实践相结合，在不同阶段做出动态调整。

3.2.2 CBII指标体系

根据CBII的基本定义与编制原则，我们通过境外分支机构情况、资产状况、营业业绩情况和跨境并购活动等方面体现中资银行的国际化程度。同时，考虑到不同银行发展程度的差异性和相关数据的可得性，分别针对大型商业银行和股份制银行建立了不同的指标体系，既贴近实际地对两类中资银行的国际化水平进行衡量，又可以通过绝对数值对两类中资银行的国际化水平进行比较，以求最为贴切地反映不同类型中资银行的国际化水平。

报告所述大型商业银行包括中国工商银行、中国农业银行、中国银行、中国建设银行和交通银行，主要通过三类指标对其国际化程度进行描述（见表3-1）。

表3-1　大型商业银行CBII指标体系

类别	指标名称	计算方法
第一类	境外资产占比	境外资产/总资产
	境外营业收入占比	境外营业收入/总营业收入
	境外客户存款占比	境外存款/总存款
	境外客户贷款占比	境外贷款/总贷款
	境外（税前）利润占比	境外（税前）利润/总（税前）利润
第二类	境外机构所在国家相对数	境外机构国家数/150
	境外分支机构占比	境外分支机构/总分支机构数目
	境外雇员占比	境外雇员/雇员总数
第三类	跨境并购数量	按跨境并购数量计分
	跨境并购金额	按跨境并购金额计分

对各指标的具体内涵解释如下：

（1）境外资产占比：通过境外资产占比衡量境外发展的成果和后续发展的基础，同时，资产是规模的基本体现，该指标可以直接反映出各中资银行境外规模的差异。

（2）境外营业收入占比：反映业务经营的基本状况，通过境外营业收入占比可以反映出银行的境外业务拓展情况。

（3）境外客户存款占比：存款是客户对银行认可度的一种体现，境外存款占比可以体现中资银行在境外的认可度，但存款客户的类型也值得注意，外籍客户数量相比海外华籍客户数量更能体现银行的国际化水平。

（4）境外客户贷款占比：贷款利息仍是中资银行盈利的主要来源，贷款数量及其占比反映出中资银行的境外主营业务发展情况。

（5）境外（税前）利润占比：反映中资银行境外盈利水平，十分重要。

（6）境外机构所在国家相对数：境外机构覆盖的国家与地区数目越多，说明该银行的国际化水平越高，主要体现中资银行境外机构的分布广度。同时，为与其他相对性指标保持一致，本指标以花旗银行2014年机构所在国家与地区数目（150）为基准，对该指标进行衡量。

（7）境外分支机构占比：与境外机构所在国家数相区别，本指标重在体现中资银行境外机构的分布深度，境外机构占比越高，国际化程度越高。

（8）境外雇员占比：境外雇员占比亦是体现中资银行国际化水平的一项重要指标，但某些银行业务对雇员数量的要求不高，因此应与其他指标结合评价。

（9）跨境并购数量：跨境并购在近年成为中资银行海外扩张的重要方式之一，这一活动的多寡可以反映出中资银行进行海外扩张的积极意愿，本指标直接以跨境并购数目计分，以体现中资银行通过此类活动进入国际市场的情况。

（10）跨境并购金额：这一指标是跨境并购数目的深化，更为具体的体现出各家银行在跨境并购活动中的差异。为提高第三类指标的区分度，本指标采用打分制，打分数额保留至小数点后4位。

报告所述股份制银行主要包括招商银行、恒丰银行、浦发银行、渤海银行、中信银行、浙商银行、华夏银行、平安银行、中国光大银行、中国民生银行、兴业银行以及广发银行12家银行。考虑到股份制银行的国际化探索仍然处于初级阶段，针对股份制银行，本报告选取了三类指标对其国际化水平进行衡量，在大型商业银行指标体系的基础上去掉了境外客户存款占比和境外雇员占比指标，并将跨境并购数量和金额以评估参考项处理（见表3-2）。

表3-2　股份制银行CBII指标体系

类别	指标名称	计算方法
第一类	境外资产占比	境外资产/总资产
	境外营业收入占比	境外营业收入/总营业收入
	境外客户贷款占比	境外贷款/总贷款
	境外（税前）利润占比①	境外（税前）利润/总（税前）利润
第二类	境外机构所在国家数相对数	境外机构国家数/150
	境外分支机构占比	境外分支机构/总分支机构数目
第三类	跨境并购数量	按跨境并购数量计分
	跨境并购金额	跨境并购金额进行分级计分

需要再次强调的是，报告采取略有变化的两套指标体系分别衡量大型商业银行和股份制银行，一方面是对数据可得性的调和，另一方面则是股份制银行的规模与大型商业银行有较大差距，以相同指标进行评分会忽略这一差异，因此分开评价与科学性的编制原则更为相符。

3.2.3　CBII测算模型

报告采用层次分析法（Analytic Hierarchy Process，AHP），在专家评分的基础上确定指标权重并构建指数体系，最大程度地保证指数编制过程中的科学

---

① 因数据可得性，后文中信银行与广发银行的相关指标采用营业利润予以计算。

性与客观性。

CBII指标体系中的指标分为比值类指标和分值类指标，其中第一、第二类指标为比值类指标，第三类指标为分值类指标。具体测算模型如下：

大型商业银行：

$$CBII_t = \sum_{j=1}^{n} X_{jt}\,\omega_j \times 100 + \sum_{i=1}^{2} B_{it}\,\omega_i \qquad （1）$$

股份制银行：

$$CBII_t = \sum_{j=1}^{n} X_{jt}\,\omega_j \times 100 \qquad （2）$$

其中，$CBII_t$表示第t期的中资银行国际化指数；X_{jt}表示第j个变量在第t期的数值；ω_j表示第j个变量的权重；B_{1t}、B_{2t}分别表示并购数量和金额在第t期的数值。

公式（1）与公式（2）分别适用于大型商业银行和股份制银行的指数计算。根据数据的可得性和可操作性，将境外并购数量和并购金额纳入5家大型商业银行的CBII测算体系，而不纳入股份制银行的CBII测算体系，仅作为评估参考项。因为在指标体系构建时已将大型商业银行和股份制银行进行了区分，因此在此基础上构造的指数在组内具有完全的横向可比性和动态可比性，满足了CBII的编制原则。

此外，为更好地展现中资银行整体国际化水平，报告采用以下方法对行业的国际化指数进行测算：

大型商业银行：

$$CBII_t = \sum_{j=1}^{n} Y_{jt}\,\omega_j \times 100 + \sum_{i=1}^{2} Z_{it}\,\omega_i \qquad （3）$$

股份制银行：

$$CBII_t = \sum_{j=1}^{n} Y_{jt}\,\omega_j \times 100 \qquad （4）$$

行业合并变量：

$$Y_{jt} = \frac{\sum_{m=1}^{s} P_{j,t,m}}{\sum_{m=1}^{s} T_{j,t,m}} \qquad （5）$$

其中，$CBII_t$表示该类银行第t期的行业整体中资银行国际化指数；Y_{jt}表示此类银行的第j个行业合并变量在第t期的数值；ω_j表示第j个行业合并变量的权重；Z_{1t}, Z_{2t}分别表示行业平均并购数量和平均并购金额在第t期的数值；$P_{j,t,m}$表示第t期行业中第m家银行j指标的境外数据；$T_{j,t,m}$表示第t期行业中第m家银行j指标的总量数据。

3.3　CBII内涵

CBII的内涵应做如下解读：如果某家中资银行的境外业务为其全部业务，即该家银行的所有活动均在境外进行，完全以国际市场作为自己的发展市场，则其指标得分值应为100；反之，若其经营活动完全不涉及国外市场，所有业务均在国内进行，则其指标得分值应为0。所以CBII的数值越大，表明该中资银行在经营活动中更多地参与到了国际市场中，其国际化程度便越高。

当然，一家银行若是有国际化发展的必要，其国际化发展必然会经历由国内市场到国际市场的过程，国家的开放政策对中资银行的"走出去"有着推动作用，但并不会使中资银行放弃国内市场而完全依赖国际市场谋求发展，因此，并不会出现某家中资银行的CBII得分高达100分的情况。同时，由于我国金融市场的开放时间较短，中资银行的国际化水平仍然较低，因此CBII得分可能大多偏低，体现出其未来巨大的成长空间。

3.4　CBII数据处理

报告的分析数据均来自于各家银行的官方年度报告，其中，同时发布A股和H股年报的银行，选取其A股年度报告作为原始数据来源。

从中资银行的选择来看，我们选取了5家大型商业银行和12家股份制银行作为研究对象，旨在揭示中资商业银行的国际化路径和现状，力图对此类银行日后的发展提供参考，因此采用大型银行和股份制银行数据进行指数测算。

从指数评价的时间来看，大型商业银行的境外数据多从2007年开始有较高的可得性，股份制银行可得数据的时间则更为分散。同时，随着各家银行对年度报告统计规则的调整，境外数据的可得性会出现变化。例如，有多家银行在年度报告中，将境外数据归入其他地区统一报告，无法进行详细区分。对于数据缺失的情况，报告采取两种方式进行处理。其一，对数据缺失时间较短（1~2年）、有平稳发展规律的指标数据，采用适当增长率的方法进行合理估计，估值尽可能地考虑发展趋势和各类影响因素。虽然估计值会与真实值有出入，但其差异较小，不会对CBII造成实质性的影响，而且随着中资银行国际化程度的加深，此类指标的数据来源和数据质量都将得到改善，因此这类指标仍然予以保留。其二，对数据缺失年限较长、无法进行合理估值的指标，我们不再将其纳入国际化评价的指标体系。通过以上两种指标筛选方法，报告最终确定了两套分别针对大型商业银行和股份制银行的国际化指标体系。

值得注意的是，CBII体系是开放且保持动态调整的。随着中资银行"走出去"的步伐不断加快、"走出去"的方式逐渐多样，中资银行的国际化统计指标一定会更加完善。一方面，会有更多中资银行对境外数据进行披露报告，信息的透明度会大大提高；另一方面，会有更多衡量银行国际化水平的指标被纳进CBII的评价体系当中。在报告后续的编制过程中，会依据各阶段的现实情况对指标体系进行调整和完善，力求提高本套中资银行国际化指数的准确性和科学性，为中资银行的国际化经营提供更多、更好、更直观的决策依据。

解读中资银行国际化指数

4.1　CBII总体稳步上升，个体渐趋分化

4.2　境外经营总量已具规模，占比望"洋"兴叹

4.3　境外网络布局全球，偏重亚太

4.4　模式选择分支机构仍是主流，跨境并购逐渐兴起

对CBII数值进行分析可知，中资银行资产积累已初具规模，经营成果令人欣喜，全球部署也渐次展开——以香港为重要踏板、亚太为战略基础、欧美为发展方向、非洲及拉丁美洲为未来补充。同时，中国金融市场的整体发展促进了中资银行对并购这一更为新型的扩展方式的青睐，已成为中资商业银行国际化发展模式的重要补充。

4.1 CBII总体稳步上升，个体渐趋分化

CBII对中资银行国际化过程中的横向区位布局、纵向业务经营、发展模式选择都进行了评价，其数值的起伏可展现中资银行国际化发展的综合水平。具体结果如下：

4.1.1 中资银行国际化水平稳步上升，2014年达历史高点

CBII模型分析的5家大型商业银行和3家股份制银行[1]分别的合并CBII值[2]基本保持平稳增长（见图4-1）。2008年大型商业银行CBII相比2007年有所下降，这应当与次贷危机导致的国外投、融环境恶化有着密切关系。2008年后，大型商业银行合并CBII增长水平一直保持在4%左右，直到2013年CBII增长速度突然猛增至13.58%，超过股份制银行的12.44%。2014年，大型商业银行合并CBII延续了前一年的高速增长，达14.33%，仍高于股份制银行的11.11%。由此可知，近些年中资银行国际化水平不断提升，"走出去"步伐不断加快，且大型商业银行的国际化发展不仅在总量上超过股份制银行，还在发展速度上占有优势。

---

①3家股份制银行包括中信银行、招商银行、广发银行。

②合并CBII值延伸于"合并报表"中的"合并"概念，例如大型商业银行合并CBII值指的是将5家大型商业银行作为一家银行进行所有数据的计算。

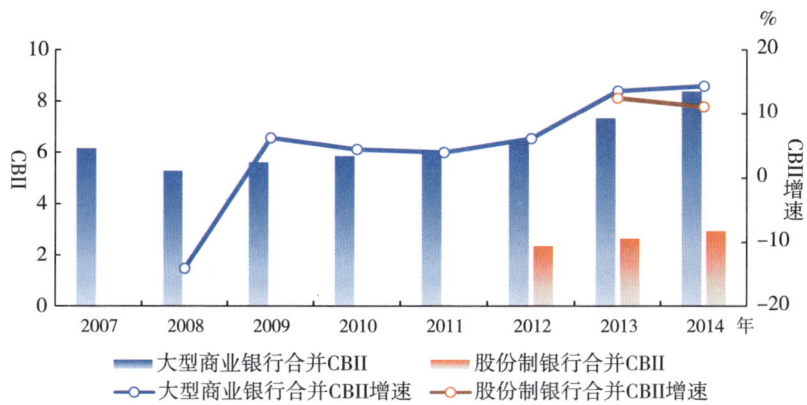

数据来源：浙江大学CIFI。

图4-1 中资银行CBII历史发展

从图4-1可知，2014年大型商业银行与股份制银行分别的合并CBII值均达历史高点：前者为8.38，相比2007年增长了36.37%，而后者为2.93，是2012年股份制银行合并CBII的1.25倍。此外，根据各家银行CBII显示（见图4-2），除中国银行和中信银行外，其余6家银行CBII均在2014年达到历史最高点，可体现绝大多数中资银行的海外发展势头正劲。

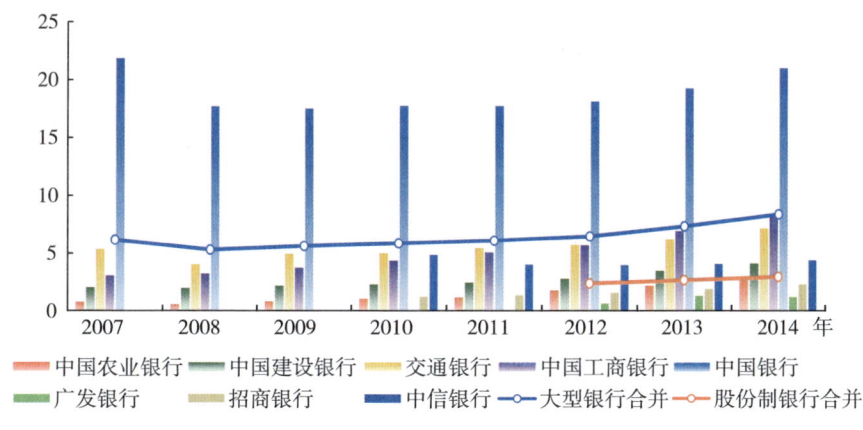

数据来源：浙江大学CIFI。

图4-2 各家中资银行CBII

4.1.2 中资银行国际化发展差异凸显

尽管中资银行境外发展总体呈平稳上升态势，但各家银行的发展速度与现有水平仍然具有不同的表现。

1. 国际化探索以大型银行为主导，股份制银行渐成重要力量

从表4-1可知，2014年大型商业银行合并CBII（8.38）约为股份制银行合并CBII（2.93）的3倍，反映出大型商业银行在中资银行国际化发展中的主力军地位，其在资金、人才、政策等方面的绝对优势促使大型商业银行引领着中资银行的国际化发展。

表4-1 2014年中资银行代表机构CBII排序

排序	标准体系				统一测算体系	
	大型商业银行	指数	股份制银行	指数	中资银行	指数
1	中国银行	20.99	中信银行	4.38	中国银行	23.72
2	中国工商银行	8.17	招商银行	2.29	中国工商银行	9.12
3	交通银行	7.12	广发银行	1.22	交通银行	7.73
4	中国建设银行	4.08			中国建设银行	4.47
5	中国农业银行	2.72			中信银行	4.38
6					中国农业银行	3.30
7					招商银行	2.29
8					广发银行	1.22
合并指数		8.38		2.93		8.56

数据来源：浙江大学CIFI。

同样从表4-1中，我们还可知股份制银行的强劲发展在统一测算体系[①]下

---

① 为更清晰地对比两类中资银行的国际化水平，报告利用股份制银行CBII测算体系对5家大型商业银行的CBII数值进行了测算，以得到统一测算体系下中资银行的CBII。

得到了较好体现：尽管大型商业银行在统一测算体系中均有更好表现，但作为股份制银行的杰出代表——中信银行的CBII数值（4.38）仍然超过了中国农业银行（3.30），并接近于中国建设银行（4.47）。虽然这仅是放宽条件下的一次估计，却也在一定程度上展现了股份制银行在未来国际化发展中的巨大潜力。随着国家开放政策的深化和股份制银行的大力发展，相信未来中资银行的国际化大军会更加多元化。

2. 大型商业银行以中国银行发展最为突出，中国工商银行追赶迅速，中国农业银行潜力巨大

根据表4-2可知，中国银行CBII自2007年便保持在17以上，从历年均值来看，中国银行CBII（18.82）是大型商业银行合并水平（6.39）的3倍，是最低水平中国农业银行（1.33）的14倍；中国工商银行CBII则从2007年的3.00增加至2014年的8.17，成为国际化水平次之的中资银行，追赶效果明显；交通银行国际化水平长期位于行业平均水平附近，历年均值为5.42；中国建设银行和中国农业银行国际化水平暂时落后，但中国农业银行CBII的年均增速（25%）表现十分突出，远高于其他银行。

表4-2　大型商业银行CBII测算结果

年份	中国农业银行	中国建设银行	交通银行	中国工商银行	中国银行	合并
2007	0.70	1.98	5.28	3.00	21.80	6.14
2008	0.51	1.92	3.97	3.17	17.64	5.27
2009	0.77	2.14	4.88	3.68	17.45	5.60
2010	1.00	2.26	4.94	4.30	17.70	5.85
2011	1.11	2.41	5.38	5.02	17.67	6.08
2012	1.73	2.75	5.65	5.64	18.09	6.45

（续）

年份	中国农业银行	中国建设银行	交通银行	中国工商银行	中国银行	合并
2013	2.14	3.45	6.16	6.89	19.23	7.33
2014	2.72	4.08	7.12	8.17	20.99	8.38
均值	1.33	2.62	5.42	4.98	18.82	6.39

数据来源：浙江大学CIFI。

3. 股份制银行以中信银行国际化水平最高

在进入CBII评分体系的三家股份制银行中，中信银行表现最为突出，历年均值达4.25，是股份制银行合并水平（2.64）的1.6倍（见表4-3），是广发银行（1.05）的4倍，其发展轨迹与中国银行相似；招商银行CBII从2010年的1.19上升为2014年的2.29，其在股份制银行中的表现类似中国工商银行在大型商业银行中的表现，追赶效果明显；而广发银行作为股份制银行中国际化水平较低的中资银行，CBII同样有较快增长。

表4-3　股份制银行CBII测算结果

年份	广发银行	招商银行	中信银行	合并
2010	—	1.19	4.83	—
2011	—	1.36	4.00	—
2012	0.64	1.56	3.96	2.35
2013	1.31	1.89	4.05	2.64
2014	1.22	2.29	4.38	2.93
均值	1.05	1.66	4.25	2.64

数据来源：浙江大学CIFI。

此外，在未参与国际化指数评分的股份制银行中，截至2014年，浦发银行、中国民生银行、中国光大银行和兴业银行各有境外机构1家，平安银行、恒丰银行、渤海银行、浙商银行以及华夏银行均未曾建立境外分支机构。国际业务方面，中国民生银行2014年即期结售汇交易量达1439.78亿美元，浦发银行2014年国际结算量达3978.19亿美元、兴业银行为1170.24亿美元、浙商银行为133亿美元。

4.1.3　中资银行国际化发展业务结构有待强化

在度量CBII的具体指标中（见图4-3），中资银行的境外资产占比和境外贷款占比均表现突出，境外营业收入与境外利润表现次之，反映出中资银行在境外资金量和业务量上的优势较为明显。此外，境外机构占比这一指标表现明显落后于其他指标，表明中资银行在境外机构网络的建立上仍需继续努力。

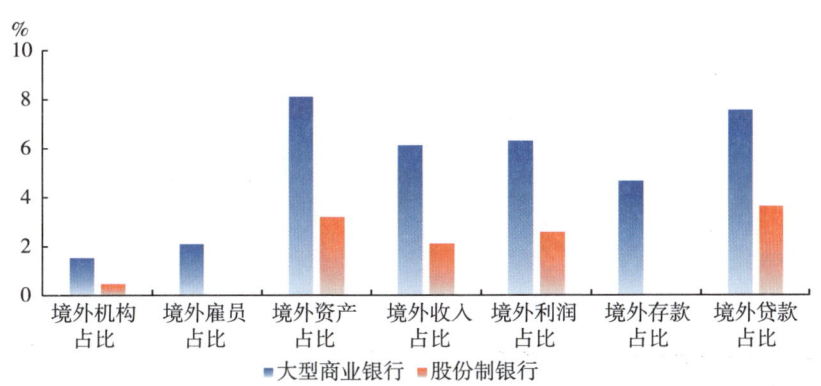

数据来源：浙江大学CIFI，各行历年年报。

注：大型商业银行为2007—2014年平均水平，股份制银行为2012—2014年平均水平。

图4-3　CBII具体指标表现

我们仍需注意的是，一方面目前中资银行的境外利润仍主要来源于存贷款利差，盈利模式与国内相仿，可国外金融环境较之国内有较大不同，许多发达国家或地区仅仅利率市场化程度这一点就远高于国内，中资银行境外发展仍过分依赖利息收入的这种盈利模式亟须得到改变。另一方面，中资银行在人民币资金上的资源优势也是其目前非常重要的境外收入来源。在人民币国际化尚未完全实现之前，境外机构或个人对人民币资金融通的需求仅能通过为数不多的中资银行实现。但随着人民币国际化进程的加速推进，这种带有垄断性质的利润来源方式将无法延续，中资银行应紧密结合当地市场情况，加快提升多样性业务的开发与经营能力，重新定位自身优势与目标，寻找新的利润增长点。

专栏1 中资银行的境外发展和国外发展
——以中国银行为例

在中资银行的国际化发展道路上，香港因其地缘与内地相近且市场更开放而成为重要战略区。大多中资银行选择香港作为国际发展的第一站，招商银行的8家境外机构更全部位于香港。那么，香港对中资银行的国际化究竟有着怎样的影响？中资银行的国外发展与境外发展有何不同的表现？本专栏以中国银行为例，在剔除港澳台地区后对其资产、营业收入以及（税前）利润等指标的国外表现予以展现，以更真实地了解中资银行的国际化程度。

中国银行的国外资产、营业收入与（税前）利润同境外表现相比大幅下滑，下降幅度分别达到70.16%、85.56%和82.84%（均为历史平均数据）。这一方面反映出港澳台（主要是香港）在中国银行国际化战略中的重要地位，另一方面也显示了中国银行的国际化过于依赖港澳台地区，国外发展有待加强。

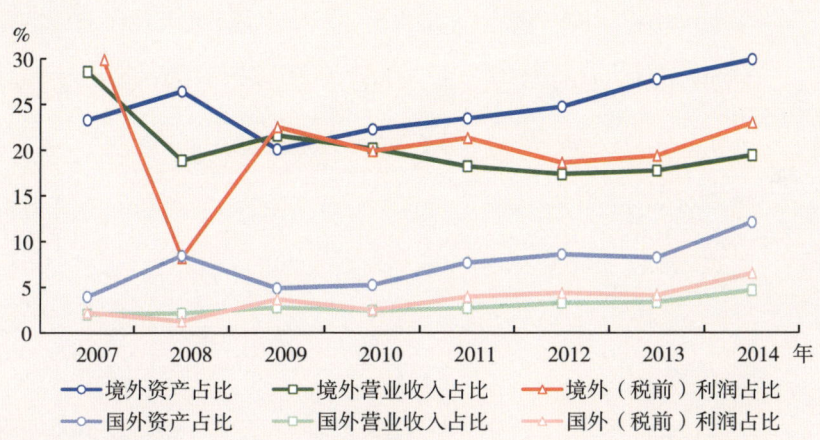

数据来源：浙江大学CIFI，中国银行历年年报。

图4-4　中国银行的境外发展与国外发展

4.2　境外经营总量已具规模，占比望"洋"兴叹

资产是决定企业未来现金流的重要资源，而收入与利润是企业实际经营效果的体现，中资银行境外资产的变化反映出其国际化脚步的缓急，收入与利润的变动则展现了其经营能力的强弱。

4.2.1　境外资产积累迅速，总体占比有待提高

根据2014年境外资产总量、境外资产占比、境外资产增速对部分中资银行进行排名，结果如表4-4所示：

表4-4　2014年部分中资银行境外资产排名

单位：亿元，%

排名	境外资产总量		境外资产占比		境外资产增长率	
1	中国银行	45590.86	中国银行	29.89	中国农业银行	66.31
2	中国工商银行	18905.67	交通银行	10.29	中国工商银行	47.92
3	中国建设银行	9334.35	中国工商银行	9.17	浦发银行	38.45
4	交通银行	6450.68	中国建设银行	5.57	中国建设银行	27.54
5	中国农业银行	5903.62	中信银行	4.80	交通银行	22.72
6	中信银行	1986.28	中国农业银行	3.70	中国银行	18.54
7	招商银行	1268.92	招商银行	2.68	招商银行	8.21
8	浦发银行	503.93	广发银行	1.35	中信银行	3.17
9	广发银行	222.17	浦发银行	1.20	广发银行	-11.53

数据来源：浙江大学CIFI，各行2014年年报。

1. 总量上，大型商业银行境外资产增长迅速，领先股份制银行

截至2014年年底，大型商业银行境外资产均突破5000亿元，而四家股份制银行境外资产均未超越2000亿元。大型商业银行中，中国银行与中国工商银行的境外资产高于行业平均水平，尤其是中国银行，其境外资产总额高于其余四家大型商业银行之和，接近大型商业银行平均资产额的3倍；而中国农业银行境外资产规模则相对较小，约为平均水平的三分之一。与此同时，四家股份制银行境外资产总额低于中国农业银行境外资产水平，其中，中信银行境外资产水平最高，接近2000亿元，占其本身资产总额的4.8%。

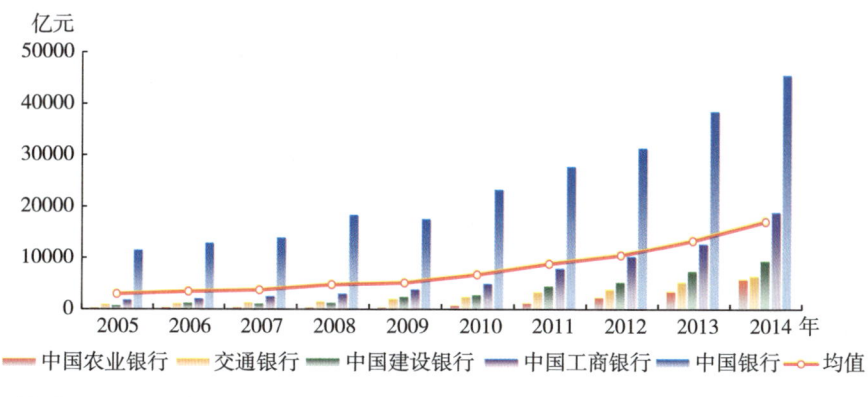

数据来源：浙江大学CIFI，各行历年年报。

图4-5 大型商业银行境外资产积累

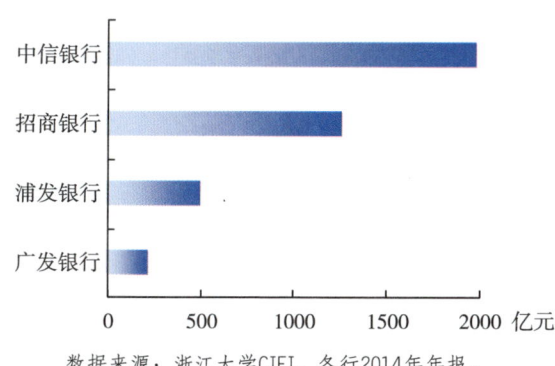

数据来源：浙江大学CIFI，各行2014年年报。

图4-6 股份制银行2014年境外资产

表4-5 股份制银行2014年境外资产

单位：亿元，%

银行名称	境外资产	总资产	占比
广发银行	222.17	16480.56	1.35
浦发银行	503.93	41959.24	1.20
招商银行	1268.92	47318.29	2.68
中信银行	1986.28	41388.15	4.80

数据来源：浙江大学CIFI，各行
2014年年报。

2. 占比上，中资银行国际化水平远低于国际大型银行，仍有待提高

为清晰辨识中资银行现阶段国际化水平，本报告选取汇丰和花旗两家外资银行的相关国际化数据与中资银行进行对比，以更为客观地反映中资银行的国际化水平。值得注意的是，由于数据的可得性，本报告中花旗银行数据均以

北美代替美国，汇丰银行则以欧洲代替英国作为境内指标，因此花旗银行与汇丰银行的境外资产占比、境外营业收入占比和境外利润占比实际值要高于报告统计值；此外，花旗银行的相关数据仅包含境外个人零售业务，因个人零售业务的客户群体相对更偏向本土化，因此花旗银行的实际国际化水平更要高于统计结果。

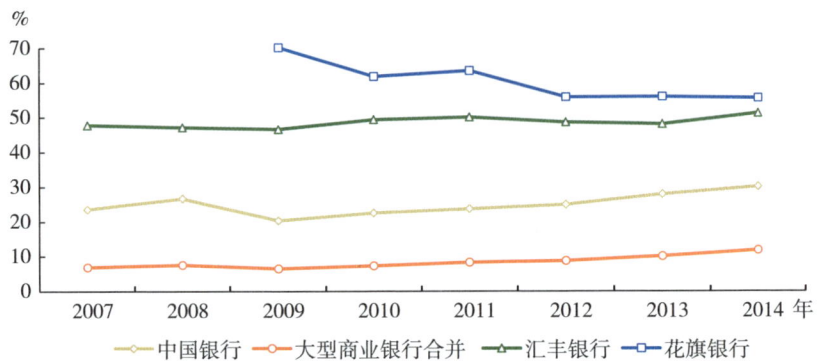

数据来源：浙江大学CIFI，各行历年年报。

图4-7 大型商业银行境外资产占比及国际对比[①]

大型商业银行中，中国银行境外资产占比表现最为突出，其次分别为交通银行、中国工商银行、中国建设银行与中国农业银行。中国银行连续八年居于首位，平均值达24.72%；2014年其以29.89%的占比居于大型商业银行之首，约为大型商业银行合并水平的2.6倍。

然而，与两家外资银行的对比仍然反衬出中资银行国际化发展水平较低。2014年中国银行境外资产占比约为汇丰银行（50.99%）和花旗银行

---

① 大型商业银行合并境外资产占比根据5家大型商业银行境外资产总额与其资产总额比值计算得出。花旗银行数据摘自集团年报中 Global Consumer Baking 部分，且以北美地区代替美国境内情况，下同。汇丰银行数据以欧洲地区代替英国境内情况，下同。

（55.39%）平均水平的56.20%，大型商业银行合并境外资产占比（11.51%）约为汇丰银行和花旗银行平均水平的21.64%，说明中资银行的国际化发展仍有较大空间。

3.增速上，中国农业银行增长明显，各行整体增速高于国内经济指标

大型商业银行境外资产自2010年起均保持正增长，并呈现出边际增速递减的特点，增长率由中国农业银行到中国银行基本逐次降低。其中，中国农业银行境外资产历年增速基本保持第一，8年平均增速达51.03%，2014年其增长率更是达到了峰值66.31%，是大型商业银行合并增长率的2.37倍。同时，相比于境内资产，境外资产的累积速度更快，体现了中资银行海外实践的迅猛发展，这可能是国内盈利空间挤压和人民币升值的双重推动结果。

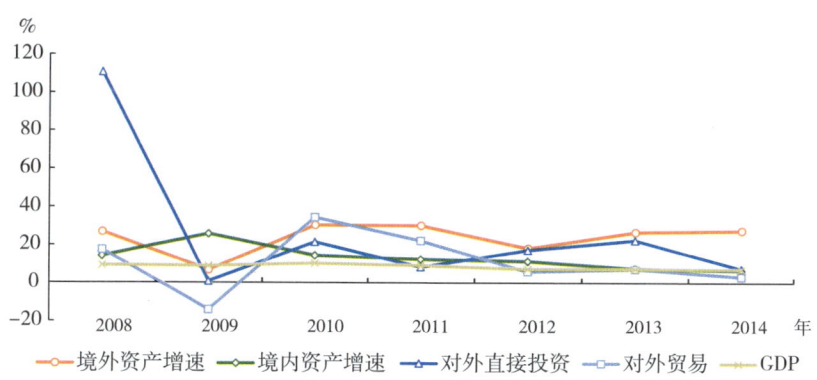

数据来源：浙江大学CIFI，各行历年年报。

图4-8 大型商业银行境外合并资产增速与经济指标增速对比①

从图4-8中可知，大型商业银行的境外资产发展情况基本与中国对外直接投资和对外贸易额的变动情况相符：2008年，受国际金融危机影响，中国企业

———————————

① 境外与境内增速分别利用大型商业银行境外及境内资产总额的增长率计算得出。

（包括中资银行）纷纷抓住机遇，在欧美资产价格大幅下降时进入境外市场；2009年，4万亿元投资计划对资金的吸引力逐渐显现，中国对外直接投资和对外贸易增速均大幅放缓，中资银行的资产积累速度也下降至7.09%（合并数据）；此后，大型商业银行的境外资产变动情况与对外经贸活动的变化基本相符，反映出中资金融机构对中资企业"走出去"的支持与服务作用；到了近几年，中资银行的海外发展步伐不断加快，逐渐超越对外直接投资和对外贸易额的增长速度，这体现出中资银行除服务实体经济外的自身国际化发展需求。

此外，从图4-8中我们还可以看到，大型商业银行的境外资产增速基本都高于境内资产的增速，且两者均高于GDP增速。由此可知，大型商业银行的境外资产发展态势好于国内，令人鼓舞。

4.2.2 境外营业收入发展空间广阔，增速稳步回升

根据2014年境外营业收入的相关指标对部分中资银行进行排名（见表4-6）可知，在境外营业收入总量与占比上，大型商业银行表现更为突出，在境外营业收入增速上，股份制银行有上佳表现。

表4-6 2014年部分中资银行境外营业收入排名

单位：亿元，%

排名	境外营业收入		境外营业收入占比		境外营业收入增长率	
1	中国银行	886.96	中国银行	19.44	中国光大银行	359.70
2	中国工商银行	529.56	中国工商银行	8.04	中国农业银行	76.77
3	中国农业银行	114.00	交通银行	5.14	招商银行	72.48
4	中国建设银行	102.17	中信银行	4.12	交通银行	44.79
5	交通银行	91.23	中国农业银行	2.18	广发银行	41.50
6	中信银行	51.36	中国建设银行	1.84	中国工商银行	35.52

（续）

排名	境外营业收入		境外营业收入占比		境外营业收入增长率	
7	招商银行	25.13	招商银行	1.52	中信银行	26.78
8	广发银行	3.78	广发银行	0.85	中国银行	22.73
9	中国光大银行	2.08	中国光大银行	0.39	中国建设银行	13.20

数据来源：浙江大学CIFI，各行2014年年报。

1.总量上，境外营业收入增长平稳，中国银行海外业务表现突出

由图4-9可知，大型商业银行的境外营业收入基本保持增长趋势，并在发展过程中出现了较大差异，中国银行的海外业务表现无疑最为突出，中国工商银行次之，两者境外营业收入规模均高于大型商业银行平均水平；中国建设银行、中国农业银行与交通银行的境外营业收入情况相近，均低于均值水平。2014年中国银行的境外营业收入额约为中国建设银行、中国农业银行与交通银行3家银行境外营业收入之和的3倍，体现了中国银行非常突出的国际化水平。与此同时，股份制银行营业收入水平总体较低，其中，中信银行境外业务发展最为突出，境外营业收入达到51.36亿元，占其自身营业收总量的4.12%（见表4-7）。

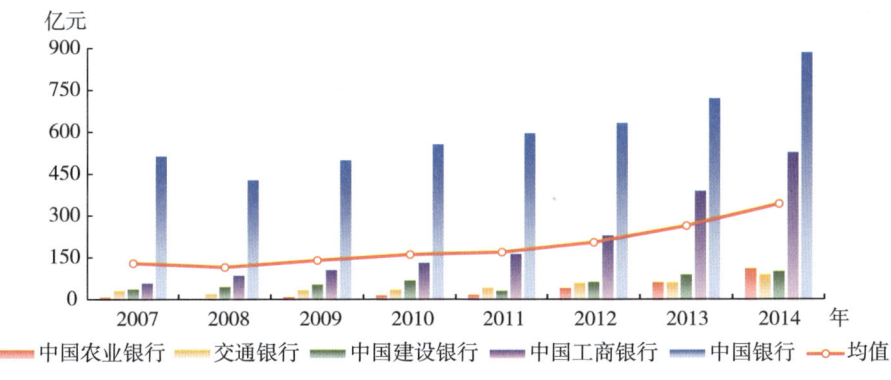

数据来源：浙江大学CIFI，各行历年年报。

图4-9　大型商业银行境外营业收入发展

表4-7　2014年股份制银行境外营业收入情况

单位：亿元，%

银行名称	境外营业收入	总营业收入	占比
光大银行	3.08	785.31	0.39
广发银行	3.78	446.44	0.85
招商银行	25.13	1658.63	1.52
中信银行	51.36	1247.16	4.12

数据来源：浙江大学CIFI，各行2014年年报。

2. 占比上，行业平均水平保持稳定，发展空间广阔

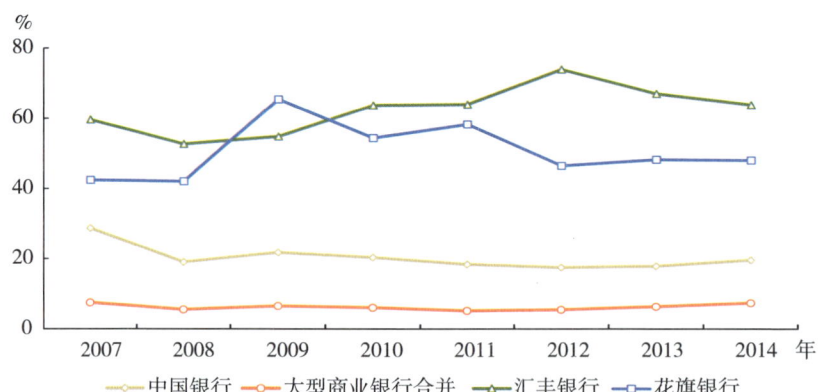

数据来源：浙江大学CIFI，各行历年年报。

图4-10　大型商业银行境外营业收入占比及国际对比[①]

---

① 中资银行境外营业收入占比利用5家大型商业银行境外营业收入总额与其营业收入总额的比值计算得出。

中资银行整体境外营业收入占比自2007年以来处于小幅波动状态，受经济危机影响，境外营业收入占比自2007年达到峰值7.35%后便不再上升，转而下降，2012年开始回升，直至2014年达到7.27%，接近2007年的水平。

其中，中国银行境外营业收入占比远高于国内的行业水平，2014年中国银行境外营业收入占比为19.44%，约为大型商业银行合并值的2.7倍；而中国农业银行和中国建设银行的营业收入仍以国内部分为主，境外营业收入占比较低。

此外，中资银行在境外营收占比上始终与汇丰银行、花旗银行有较大差距。2014年，大型商业银行合并境外营业收入占比为7.27%，约为汇丰银行和花旗银行平均水平的13.02%。

3. 增速上，境外营业收入增长率在动荡中回升

首先，2008年至2014年大型商业银行境外营业收入增长率波动较大（见图4-11），8年来合并营业收入增长率均值为15.51%。2014年，大型商业银行合并境外营业收入增长率为29.49%，远高于合并境内营业收入增速9.91%。

其次，行业格局上，大型商业银行中境外资产规模最小的中国农业银行的境外营业收入增速表现最为突出，2014年高达76.77%，是大型商业银行合并增长率的2.6倍。

最后，大型商业银行境外营业收入的增长情况在动荡后回升，反映了中资银行境外经营能力的增强。具体来说，2010—2011年，受国际金融危机影响，尽管对外直接投资和贸易增长多达到两位数的增长率（除2011年对外直接投资增长率为8.58%），但是中资银行境外营业收入的增长率却远不及投资和贸易的增长速度；自2012年开始，大型商业银行的营业状况出现起色，超越了其他经济指标的增长速度；2013年和2014年，大型商业银行合并境外营业收入的增速都在20%以上，远高于我国对外投资、贸易以及GDP增速。

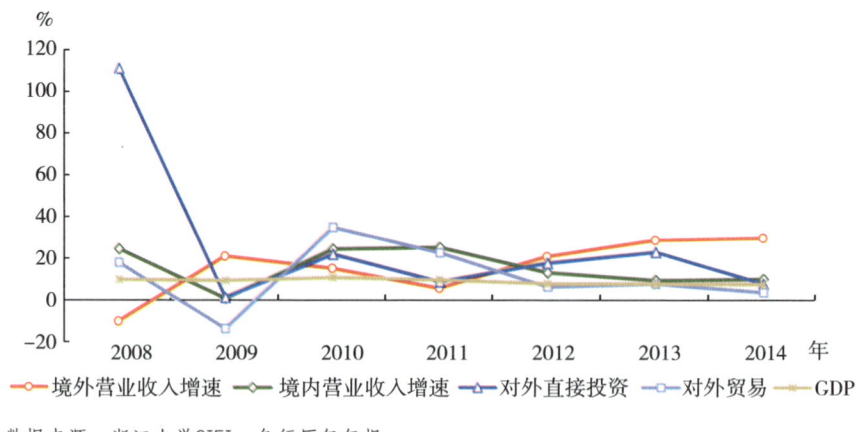

数据来源：浙江大学CIFI，各行历年年报。

图4-11　大型商业银行境外合并营业收入增速与经济指标增速对比[①]

4.2.3　境外（税前）利润持续增长，增长率波动明显

利用2014年境外（税前）利润总量、占比及增速对部分中资银行进行排名，得到如表4-8所示的结果：

表4-8　2014年部分中资银行境外营业收入排名

单位：亿元，%

排名	境外（税前）利润		境外（税前）利润占比		境外（税前）利润增长率	
1	中国银行	531.93	中国银行	22.98	招商银行	124.54
2	中国工商银行	245.67	交通银行	7.30	中国建设银行	62.80
3	中国建设银行	63.41	中国工商银行	6.79	交通银行	61.26
4	交通银行	62.02	中信银行	5.19	广发银行	51.79

① 境外与境内营业收入增长率分别利用大型商业银行境外及境内营业收入总额的增长率计算得出。

（续）

排名	境外（税前）利润		境外（税前）利润占比		境外（税前）利润增长率	
5	中国农业银行	41.60	招商银行	2.83	中国农业银行	39.69
6	中信银行	28.32	中国建设银行	2.12	中信银行	34.79
7	招商银行	20.77	中国农业银行	1.79	中国银行	28.98
8	广发银行	2.60	广发银行	1.74	中国工商银行	28.00

数据来源：浙江大学CIFI，各行2014年年报。

1. 总量上，大型商业银行境外（税前）利润均值突破180亿元

大型商业银行境外（税前）利润自2008年后呈增长态势（见图4-12），
利润均值由2008年的28.05亿元增长至2014年的188.93亿元。其中，中国银行与
中国工商银行境外盈利表现更为突出。2014年，中国银行的境外（税前）利润
为531.93亿元，远高于大型商业银行平均水平（188.93亿元），中国工商银行
的境外（税前）利润次之，中国建设银行、中国农业银行与交通银行的境外
（税前）利润则相对较低，仅为平均水平的三分之一、中国银行的十分之一。

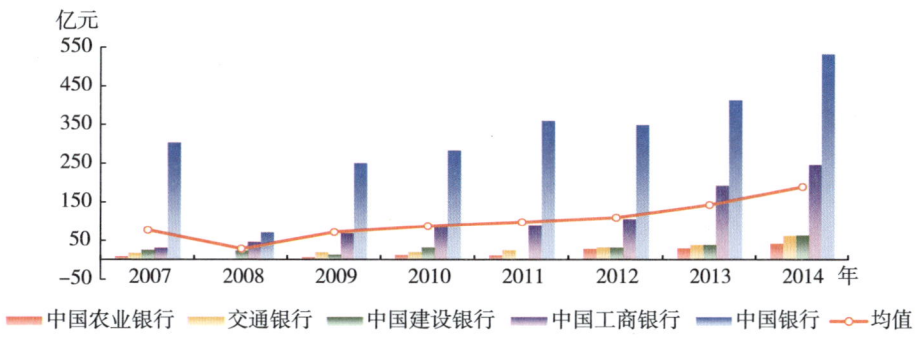

数据来源：浙江大学CIFI，各行历年年报。

图4-12　大型商业银行境外（税前）利润发展

股份制银行海外利润水平总体较低，其中，中信银行境外盈利状况最佳，境外（税前）利润达到28.32亿元，但与总量水平相比占比仍然很低（5.19%，见表4-9）。

表4-9　2014年股份制银行境外利润情况表

单位：亿元，%

银行名称	境外（税前）利润	总利润	占比
广发银行	2.6	149.44	1.74
招商银行	20.77	734.31	2.83
中信银行	28.32	545.74	5.19

数据来源：浙江大学CIFI，各行2014年年报。

2. 占比上，经济危机后明显下降，至今仍未恢复危机前水平

根据图4-13大型商业银行境外（税前）利润占比的历史数据可知，2007年后半年次贷危机的爆发对其境外经营成果的巨大影响，境外（税前）利润占比从9.23%下滑至3.19%，跌幅达三分之二。虽然2014年该值恢复至7.81%，但仍然低于2007年的大型商业银行平均水平。

行业格局上，中国银行境外（税前）利润占比始终居于大型商业银行首位，8年境外（税前）利润占比平均值达20.82%，为大型商业银行平均水平3倍以上。2014年其境外（税前）利润占比为22.98%，约为平均水平3倍。

在与汇丰银行和花旗银行的利润占比对比中可明显看到，大型商业银行整体的境外（税前）利润占比水平偏低，2014年约为7.81%，仅为汇丰银行和花旗银行平均水平的12%左右。这反映出大型商业银行的利润目前仍主要来源于国内市场，在海外市场上的盈利能力与汇丰银行、花旗银行等跨国银行仍有较大差距。

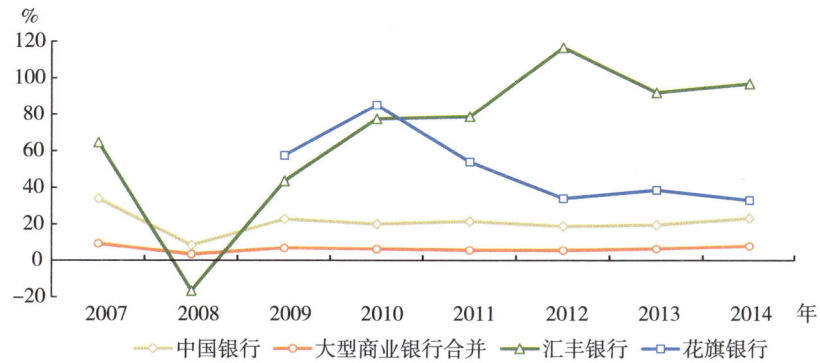

数据来源：浙江大学CIFI，各行历年年报。

图4-13　大型商业银行境外（税前）利润占比及国际对比①

3. 增速上，境外（税前）利润增长率波动程度较大

大型商业银行中，中国农业银行的境外（税前）利润增速表现最为突出，2008—2014年平均增速达56.06%，接近行业水平的两倍。股份制银行中，招商银行境外（税前）利润增长率最高，2014年境外（税前）利润增长率达125%，是境外发展水平较高的中信银行的3.5倍。

同时，境外（税前）利润增长率的波动情况复杂多变。其波动相对于国内生产总值增速、对外直接投资增速和对外贸易额增速的波动更为剧烈，体现出国际化道路上的不平与挫折，但仍然可以看出中资银行的境外（税前）利润基本保持较高的增长速度（2007—2014年行业的平均增速为28.56%），且在2013年后增速逐渐超过境内（税前）利润增速及其他经济指标增速，海外发展势头良好（见图4-14）。

---

① 中资银行境外（税前）利润占比利用5家大型商业银行境外（税前）利润总额与其（税前）利润总额比值计算得出。

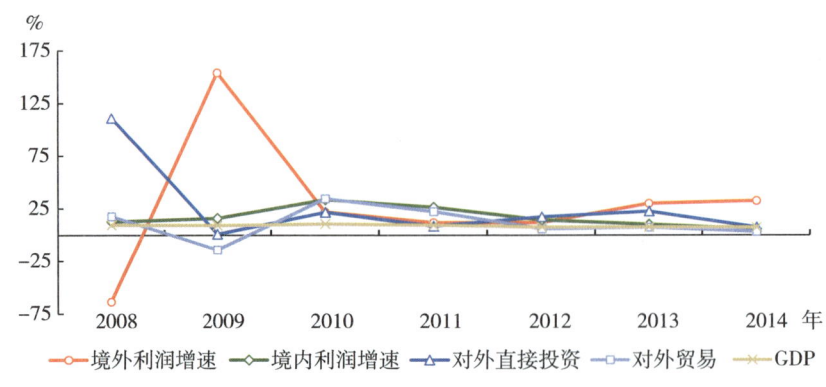

数据来源：浙江大学CIFI，各行历年年报。

图4-14　大型商业银行境外合并（税前）利润增速与经济指标增速对比[①]

4.3　境外网络布局全球，偏重亚太

中资银行的"走出去"很大程度上源于境外分支机构的设立与运营，这些分支机构或以代表处的形式获取东道国的市场信息，为日后发展做准备；或以分行的形式扩大中资银行在境外的影响力度，提高品牌与声誉；或作为子行承接更为广泛的金融业务，拓展利润空间。中资银行境外分支机构的全球分布是其国际化实力的体现，也是中国商业文化与各地文化的交流与融合。

4.3.1　中资银行国际化偏重亚太地区

一方面，以大型商业银行为主要代表的中资银行"走出去"的区位分布表现出"先近、后远；先发达、后发展"的特征。大型商业银行的海外机构约一半集中在亚洲地区，说明国内银行对外扩张时多以周边地区作为首发地点，

[①] 境外与境内（税前）利润增速分别利用大型商业银行境外及境内（税前）利润总额的增长率计算得出。

而近些年亚太地区新兴国家发展迅速，对金融服务的需求大幅增长，也促使了中资银行在亚太地区的业务拓展。同时，中资银行对石油等战略资源丰富的中东地区也在积极探索，截至2014年12月底，阿拉伯联合酋长国、卡塔尔、沙特阿拉伯及科威特等中东国家均出现了中资银行的身影，2015年5月，中国工商银行出资3.16亿美元收购土耳其纺织银行75.5%的股份，是中资银行在土耳其设立营业性机构的首次尝试。另外，欧洲和美洲等发达地区的分支机构数量显著高于非洲地区，这表明除了拥有地缘优势的周边国家和地区之外，中资银行资本会优先选择向发达国家流动。另一方面，股份制银行仍然以香港为境外发展中心，香港地区是中资银行境外机构分布最为密集的地区（见表4-10）。

表4-10 截至2014年大型商业银行境外机构地区分布[①]

单位：家，%

地区	中国银行	中国工商银行	中国建设银行	中国农业银行	交通银行	合计	占比
亚洲	39	22	11	7	7	86	44.8
欧洲	31	12	5	4	2	54	28.1
北美洲	14	4	2	1	3	24	12.5
大洋洲	9	2	4	1	1	17	8.9
拉丁美洲	3	3	1	0	0	7	3.6
非洲	3	0	1	0	0	4	2.1
合计	99	43	24	13	13	192	
占比	51.6	22.4	12.5	6.8	6.8		

数据来源：浙江大学CIFI，各行官网及历年年报。

注：境外机构数为各银行海外分行及分支机构数目，不包括支行及代表处。

[①] 中国工商银行在非洲没有设立网点，但以约366.7亿兰特（约合54.6亿美元，合423.1亿港元）收购南非最大银行集团——标准银行集团20%股权，成为该银行第一大股东。中国农业银行在非洲没有网点，但是国家开发银行与中国农业银行可能将于近期进驻坦桑尼亚，为港口建设等提供必要的融资。交通银行发展战略为"以亚太为主体，欧美为两翼"，拉丁美洲与非洲没有发展网点。

4.3.2 中国银行与中国工商银行分布最为广泛

在中资银行分支机构国际化的行业格局上，中国银行与中国建设银行在铺展国际化布局上更为超前，它们均在超过40个国家建立了分支机构。剔除业务级别及经营能力较为低级的代表处和支行后，大型商业银行的境外分布情况变得更加明朗（见表4-10）。中国银行与中国工商银行境外分行及分支机构总和接近行业总量的四分之三，其中，中国银行更是占到一半以上。同时，大型商业银行在亚洲和欧洲地区的分行数量同样占到全球的四分之三，亚洲接近一半。

4.4 模式选择分支机构仍是主流，跨境并购逐渐兴起

国际化包含着"引进来"的尝试，更承担着"走出去"的责任。从建立分支机构探索海外环境，到参与跨境并购打入海外市场，中资银行在国际化的过程中，不断接受新的金融发展理念、尝试新的海外扩张方法，根据实践结果调整发展模式，升级国际化手段。

4.4.1 新设分支机构依旧被广泛采用

虽然中资银行建立分支机构的速度有所下降，但新设分支机构仍然是中资银行进行海外扩张的重要途径——依靠境外机构推进的国际化进程更为稳健，而跨境并购往往需要雄厚的资金支持和专业的操作指导。

表4-11 大型商业银行境外机构数目

单位：家，%

年份	中国工商银行	中国农业银行	中国银行	中国建设银行	交通银行	合计	增长率
2007	112	5	689	9	8	823	—
2008	98	5	806	9	8	926	12.5
2009	162	7	973	9	9	1160	25.3
2010	203	8	984	10	11	1216	4.8
2011	239	7	586	12	12	856	−29.6
2012	383	9	613	12	12	1029	20.2
2013	329	10	620	13	12	984	−4.4
2014	338	10	628	24	13	1013	2.9

数据来源：浙江大学CIFI，各行历年年报。

大型商业银行中，中国银行和中国工商银行境外机构远多于其他3家银行，其中，中国银行的分支机构更是多达628家。境外分支机构数量上的悬殊体现了其海外发展程度的不同，这在一定程度上源于各家银行不同的历史背景。中国银行的海外扩张与其长期作为国家外汇外贸专业银行的历史渊源有关，而曾专营工商信贷的中国工商银行、农业贷款的中国农业银行、建设性贷款的中国建设银行以及以股份制形式组建的交通银行，它们的海外扩张脚步相比中国银行要慢了许多。

12家股份制银行中，7家银行有境外分支机构（包括分行、控股公司与代表处）。其中，招商银行境外机构数量最多，8家分支机构中有3家分行（中国香港、纽约、新加坡）、3家代表处（美国、伦敦、中国台北）以及两家境外全资子公司。

除建立境外分支机构，中资银行亦积极与国外各家银行建立代理行关系，如交通银行便与全球142个国家和地区的1658家银行建立了代理行关系。

4.4.2 跨境并购作为中资银行新型扩张方式日益受到重视

中资银行的跨境并购兴起于21世纪初，虽然相比国际环境起步较晚，但很快受到了中资银行的重视，不断利用这一新兴的扩张方式助力自身的国际化发展。

1. 并购进程上，2006年之后中资银行海外并购进入全面发展时期

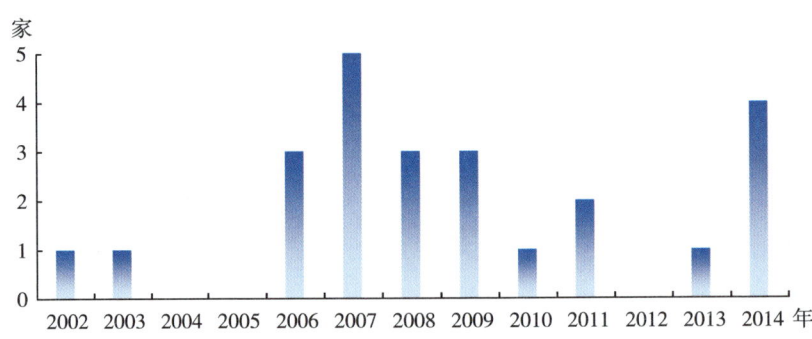

数据来源：浙江大学CIFI，各行历年年报及新闻报道。

图4-15 中资银行跨境并购情况

2001—2005年我国商业银行海外并购数量较少，仅有2002年2月中国建设银行收购香港大新银行与2003年工商（亚洲）收购比利时富通集团在香港地区的华比富通银行两起案例。这段时期我国仍处在加入世界贸易组织后的过渡期，商业银行存在改革滞后等诸多矛盾和问题。

自2006年起，随着我国加入世界贸易组织的过渡期结束，中资商业银行海外并购进入全面开放时期。同年12月《中华人民共和国外资银行管理条例》正式实施，大量海外银行开始进驻中国内地开设分支机构，这给我国的商业银行带来巨大的竞争压力。为积极应对挑战，中资银行从2006年开始了海外收购

的大步伐，并购交易逐渐增多。

中资银行跨境并购的高峰发生在2007年，并于2008年的全球金融危机之际持续推进，随后在2010年和2011年出现回落，并在2012年出现停滞，但近两年来并购速度又出现明显加快的迹象。

2. 并购活动上，中国工商银行实践最为丰富

首先，中国工商银行是中资银行跨境并购最积极的银行，尤其是在金融危机之后，收购案例最多，收购交易额最大。中国银行和中国建设银行也曾参与海外并购，而中国农业银行与交通银行在海外并购方面仍属空白。

表4-12 截至2014年大型商业银行海外并购情况

单位：家

银行名称	中国工商银行	中国农业银行	中国银行	中国建设银行	交通银行
海外并购	12	0	3	4	0

数据来源：浙江大学CIFI，各行历年年报。

表4-13 中国工商银行海外并购情况

单位：%，亿美元

公告日	收购对象	国家或地区	收购方式	持股比例	交易金额	目的
2003.12	比利时富通银行	中国香港	—	100	2.76	—
2006.12.30	哈里姆银行	印度尼西亚	协议收购	90	0.1	行业整合
2007.8.29	澳门诚兴银行	中国澳门	协议收购	80	5.83	横向整合
2007.9	香港JEC投资公司	中国香港	—	40	0.18	
2007.10.25	标准银行集团	南非	协议收购	20	54.6	横向整合
2008.1.29	泰国ACL银行	泰国	要约收购	97	5.5	横向整合
2009.6.5	加拿大东亚银行	加拿大	协议收购	70	0.73	横向整合

（续）

公告日	收购对象	国家或地区	收购方式	持股比例	交易金额	目的
2011.1.2	美国东亚银行	美国	协议收购	80	1.4	横向整合
2011.8.5	阿根廷标准银行	阿根廷	协议收购	80	6.0	横向整合
2014.1.3	标准银行公众有限公司	南非	协议收购	60	7.7	横向整合
2014.3.28	永丰商业银行	中国台湾	协议收购	20	187亿新台币	行业整合
2014.4.2	Tekstil bank	土耳其	协议收购	756	3	横向整合

数据来源：浙江大学CIFI，中国工商银行公告。

表4-14   中国银行海外并购情况

单位：%，亿美元

公告日	收购对象	国家或地区	收购方式	持股比例	交易金额	目的
2006.12.18	新加坡飞行租赁公司	新加坡	竞标	100	9.65	资本运作
2007.11	东亚银行	中国香港	—	4.94	5.1	—
2008.7.30	瑞士和瑞达基金公司	瑞士	协议收购	30	900万瑞士法郎	垂直整合

数据来源：浙江大学CIFI，中国银行公告。

表4-15   中国建设银行海外并购情况

单位：%，亿美元

公告日	收购对象	国家或地区	收购方式	持股比例	交易金额	目的
2002.2	香港大新银行	中国香港	—	30	0.14	—
2006.8.2	美洲银行（亚洲）	中国香港	—	100	12.45	—
2009.8.10	美国国际信贷有限公司	中国香港	协议收购	100	0.7	横向整合
2013.11.1	巴西Bicbanco银行	巴西	协议收购	72	7.16	行业整合

数据来源：浙江大学CIFI，中国建设银行公告。

其次，2006年以前我国商业银行海外并购案例较少，收购金额较小。2006年以后，海外收购更加频繁，数量不断增多，并购金额明显大增。2006年中国建设银行收购美国银行（亚洲）股份有限公司100%股权的收购价达12.5亿美元。2007年，中国工商银行并购南非标准银行20%的股权，金额高达54.6亿美元，是迄今为止最大的一宗中资商业银行并购案。2008年6月，招商银行收购香港永隆银行100%的股权，金额也高达46.47亿美元。仅2006—2008年三年间，中资银行的收购额便超过了100亿美元，远远超过了2006年以前的并购总额。

最后，股份制银行的海外并购案例虽不多见，但近年内多有发生，反映出股份制银行境外发展的步伐在不断加快。截至2014年年底，共有4家股份制银行通过海外并购进行境外扩张：招商银行于2008年以46.47亿美元的对价收购香港永隆银行股份，持股100%；同年，民生银行并购美国联合银行；2009年，中信银行收购中信国金股份，持股比例达70.32%；2014年，浦发银行收购南亚投资管理有限公司100%股权，总对价为850万港元（见表4-16）。

表4-16　股份制银行并购情况表

单位：%，亿美元

公告日	收购主体	收购对象	国家或地区	收购方式	持股比例	交易金额	目的
2007.10.8	中国民生银行	美国联合银行	美国	—	9.9	3.17	—
2007.6.2	招商银行	永隆银行	中国香港	协议收购要约收购	100	46.47	行业整合横向整合
2009.5.10	中信银行	中信国金	中国香港	协议收购	70.32	22.58	行业整合
2014.3.5	浦发银行	南亚投资有限公司	中国香港	协议收购	100	850万港元	行业整合

数据来源：浙江大学CIFI，各行相关公告。

3. 地域分布上，中资银行的跨境并购偏好中国香港，同时在泰国、印度尼西亚、中国澳门等东南亚的新兴市场也有所涉及

中资银行的跨境并购首先偏好中国香港，同时在泰国、印度尼西亚、中国澳门等东南亚的新兴市场也有所涉及。这主要是因为新兴市场的并购成本相对低廉、市场发展潜力较大、进入时的金融贸易壁垒较低，而且新兴市场的经济增长率普遍高于发达国家，中资银行通过跨境并购的介入，能够分享其经济快速增长产生的收益，为中资银行贡献较高的利润率。此外，这类新兴市场与我国地缘接近、文化差异较小，利于并购完成后的整合与管理。

2006年以来，我国商业银行的并购范围逐渐扩展到美洲、欧洲、非洲等地区。2011年1月21日，中国工商银行与美国东亚银行在芝加哥签署买卖协议，以1.4亿美元收购资产达7.17亿美元的美国东亚银行80%股权。这是中资银行首次通过并购打入美国市场的成功范例。2013年11月，中国建设银行与巴西Bicbanco银行达成协议，以7.16亿美元收购其72%的股权。这是中国建设银行实施的第一起真正意义上的跨境并购，对中国建设银行国际化发展具有重要的战略意义。

总体而言，我国商业银行的并购对象和地域范围仍较为单一，但积极的并购尝试反映了中资银行在国际化发展中对扩张模式的思考与选择，由传统的分支机构建立到新型的跨境并购活动，中资商业银行的国际化发展模式在不断地充实与完善。

当然，需要认识到，尽管大型商业银行的市值在世界排名比较靠前，但与国外大型跨国银行相比，竞争力仍有待提高。

专栏2　新设分支机构与参与跨境并购的互补性

　　新设分支机构与参与跨境并购是两种截然不同的扩张方式，它们有不同的历史、特点与要求。建立分支机构是银行与生俱来的发展模式，并购则在19世纪下半叶才逐渐兴起。中资银行对这两种发展模式的选择一方面来源于时代背景的发展与带动，另一方面则取决于自身的战略与实力（见图4-16）。

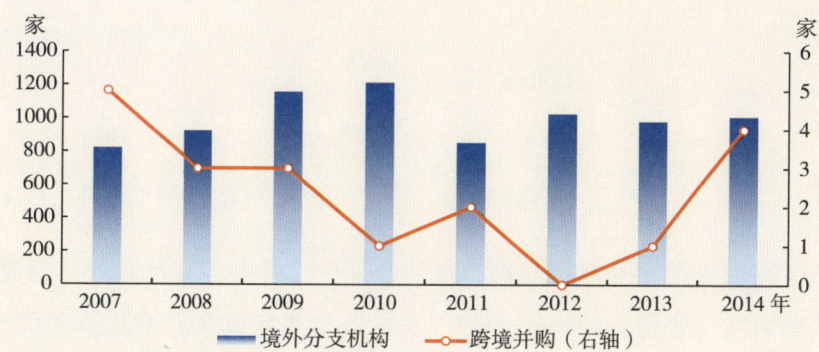

数据来源：浙江大学CIFI，各行历年年报及相关公告。

注：境外分支机构数量以大型商业银行为代表。

图4-16　不同模式下的中资银行"走出去"实践

　　对比中资银行境外机构和跨境并购的发展，可以发现，在2012年之前，两种发展模式呈现出一定的互补性：在经济危机的背景下，境外分支机构的经营受到严重波及，而并购则可以通过较低的价格实现。在并购的理念与技术日渐成熟后，并购与机构更多地体现出协同特征，共同地增长服务于中资银行逐渐加快的国际化发展。

　　总而言之，迄今为止大型商业银行因其规模、政策、技术等方面的优势，相比其他银行机构，更早地开始了境外发展，其境外发展脉络与情况也更为清晰；股份制银行虽比大型商业银行逊色很多，但也迈出了海外发展的步伐；其他商业性银行机构则仍将国内市场的探索作为当前的主要任务。

　　值得注意的是，无论从境外分支机构数量，还是境外资产总量，抑或是境外业务情况的视角进行观察，均能发现，各类银行总体海外业务占比仍然十分微弱，但均呈现增长态势，这表明境外发展是中资银行积极探索的一个前进方向，并且具有很大的发展空间。

第五章　Chapter 5

中资银行国际化展望

从蹒跚起步到奔跑向前，中资银行的国际化发展经历了挫折，也取得了成果。中国的对外开放仍然在深化，中国的金融市场依然在发展，中资银行未来的国际化发展究竟有着怎样的前景？在纷纭复杂的国际舞台上，它们又怎样舞出属于自己的最美华尔兹呢？

5.1 发展前景

中资银行的国际化发展牵涉广泛，国际环境的影响、国家政策的作用以及自身能力的限制和战略规划的调整，都会对其发展前景造成影响。

5.1.1 国际环境：全球化浪潮带动海外发展

首先，全球化浪潮自兴起至今仍然波涛汹涌，国际化几乎是所有现代企业在发展到一定程度后的重要考虑方向。资产的全球配置与资本的跨境流动会为金融机构带来巨大的利润与活力。全球化得到了世界绝大多数国家的共识，各个国家对外来资本的接纳程度也在不断提升，在这样的国际大背景下，中资银行"走出去"的步伐只会越来越快、越迈越大。

其次，2008年金融危机及受其影响产生的欧债危机，均对欧美金融业产生重创，大量金融机构破产，金融行业规模收缩、业务量下降，股市大幅震荡，投资环境恶化，融资成本上升，欧美金融业开始对自身经营战略进行反思与调整，外资金融机构国际化发展步伐有所减缓甚至出现回归潮，但由于中资银行本身的国际化水平较低，仍然应当加快境外扩张的步伐。同时，虽然中国亦受金融危机波及，但总体良好，中资企业仍可将其视为拓展海外业务平台、扩大国际经营范围、提升国际形象的一个机遇。

最后，"走出去"不仅仅是金融机构积极谋求的发展路径，各行各业的中资企业都试图在国际舞台上找到属于自己的位置。中资企业跨境贸易、海外投资、对外并购等各类跨境行为的迅速增长凸显了对相应金融服务的巨大需求。因此，中资银行的海外发展在方便中资企业"走出去"的同时，也受到了中资企业境外扩张的巨大推动。

5.1.2　国家政策："走出去"战略推动海外发展

对外开放是国家的基本国策，国家在大方向上始终支持中资银行的海外发展，同时又不断推进各项政策、提出多项战略、提供多种方式帮助中资银行迈好"走出去"的步伐。

人民币国际化进程的大力推进为中资银行的海外发展夯实了基础。一方面，人民币跨境使用区域逐渐扩大，跨境使用需求不断增加，以中国银行为例，2014年办理跨境人民币清算业务240.8万亿元，同比增长86.6%。另一方面，人民币国际化的各项保障体系与制度不断完善，人民币国际清算体系的建设、相关法律法规的完善、跨境监管的协调与合作在近年来都有着明显的进步。

"一带一路"战略为中资银行的海外发展提供了一条路径。"一带一路"的首要任务是前期的开发建设，通过资源开发和交通建设，一方面可以帮助内陆地区变成开放前沿，促进该地区经济发展，另一方面可以拓展国家能源的来源，保障国家能源安全。另外，"新丝绸之路"的启用会让中亚国家变身成为交通要冲，促进沿线各国的共同繁荣。而丝路基金则为前期开发提供了不可或缺的金融支持（见图5–1）。

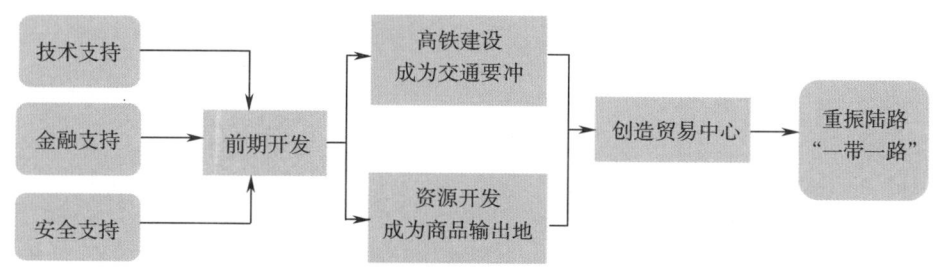

图片来源：浙江大学CIFI，光大证券研究报告。

图5–1　"一带一路"的发展脉络

对于中资金融机构来说，一方面，"一带一路"的前期开发需要开发性金融机构的大力支持，另一方面，随着这一战略的深入发展，金融机构可以积极在沿线各国部署海外分支，依托该战略实现海外发展，这也为其海外发展的地域选择提供了不同以往的思路。

自由贸易区的建立为中资银行的国际化发展提供了平台。无论是国家间的自由贸易区还是新成立的上海自由贸易区，这类特殊的贸易便利均有利于中资金融机构拓宽国际视野、增加国际业务、适应国际化经营。尤其是上海自由贸易区的建立，从制度层面向国际化发展有了明显的倾向，使中资银行可以站在家门口感受国际市场。

专栏3   "一带一路"战略下的中资银行国际化布局

2013年提出的"一带一路"战略提供了国家间双多边机制、打造区域合作平台的新思路，由"丝绸之路经济带"和"21世纪海上丝绸之路"衔接起60余个国家的政治、经济与文化合作，对中资企业，包括中资银行的国际化发展战略都将产生重大影响。

截至2014年年底，中资银行已在约17个"一带一路"战略沿线国建立了分支机构，日后，会有更多的境外分支出现在"一带一路"的沿线路途上。一方面，国家层面大量的优惠政策会促进金融机构对沿线国家的关注，这本身也是中资银行国际化发展的重要契机；另一方面，大量项目的实施与企业的涉外发展会增加对金融服务的需求，中资银行在为这些项目及企业提供金融服务的同时便也积极参与到了"一带一路"的建设中（见图5-2）。

图片来源：开锐咨询。

图5-2　"一带一路"路线图

5.1.3　自身发展：空间广阔、能力增强

首先，在国际化进程中，中资银行的海外发展水平在不断提高。中资商业银行国际化发展以大型商业银行为主：截至2014年12月底，大型商业银行均在海外建立多家分支机构，其中，中国银行和中国工商银行境外分支机构数量分别达到了628家和338家；各家银行的境外资产也均突破5000亿元，境外（税前）利润均超过40亿元，并保持高速增长。开发性银行的海外扩张更加关注国家政策导向与对其他行业的辅助性功能：国家开发银行的境外贷款由2011年的7305.714亿元增至2014年的10085.832亿元；中国进出口银行2014年新签转贷协议金额达10.28亿美元，其转贷业务共涉及23个国家和7个国际金融机构。

其次，虽然目前中资银行已经取得了成果喜人的发展，但由于中资银行谋求国际化发展的历史较短、经验不足，与国际大型商业银行相比，发展差距仍然较大：2014年，大型商业银行总体境外资产占比仅为11.51%，约为汇丰银行和花旗银行平均水平的21.64%；境外营业收入占比7.27%，约为汇丰银行和花旗银行平均水平的13.02%；境外（税前）利润占比7.81%，仅为汇丰银行和花旗银行平均水平的12%左右。此外，除5家大型商业银行，其他中资银行的海外部署发展仍处于起步阶段。这些都反映出中资银行国际化发展空间广阔。

与此同时，近些年中资银行在组织结构、管理理念、人才储备等事关其生存能力的重要方面不断转变与优化，国际竞争力不断增强，且前期国际化实践的经验教训积累也为其后期的发展提供了持续动力。

5.2 因"行"而异规划海外业务

金融机构的国际化是历史的潮流和趋势，但并非所有金融机构都适合寻求国际化发展。

以美国银行业为例，美国目前有12500多家银行，其中6000多家为社区银行，这些社区银行主要为本地的中小企业和居民家庭提供贷款等金融服务，并不参与国际市场的竞争。其余的银行中，真正通过国际化战略实现海外业务扩张，并在国际金融市场上占据一席之地的也仍以花旗银行、摩根大通、美国银行、富国银行、高盛集团等大型银行为主。

此外，日本银行业全球化的经验教训对目前中资银行的国际化规划也有一定的启示意义。虽然从20世纪70年代开始，随着日本经济不断向海外扩张，各家大型银行（包括长期信用银行、信托银行、地方银行、外汇专业银行、都市银行等）纷纷在海外设立分行或办事处，但从20世纪90年代开始，由于日本国内经济恶化、部分银行对国外市场缺乏了解、本土化经营管理和人才资源不足，仅靠资金成本优势实行廉价竞争的经营策略开始出现问题，导致日本银行业在海外的资产急剧下滑，风险事件频现。截至2014年12月31日，日本国内共有116家银行，但在跨境并购、海外业务扩张等方面表现突出的也主要是三菱东京UFJ银行、瑞穗银行、三井住友银行等大型银行。

因此，虽然从长远来看，随着经济全球化带来的市场竞争加剧，中资金融机构的国际化发展是必然趋势，但是否需要海外扩张仍因各机构情况而异，应立足于银行本身的整体发展战略，根据机构自身的实际情况统筹考虑、谨慎选择。

具体而言，大型商业银行在资金实力上具备较大优势，且已在海外市场中进行了一定探索，积累了一定经验，已经逐步形成了较为清晰的"走出去"战略，可以抓住机遇适当加快"走出去"的步伐；而股份制银行则可选择稳健型战略，选择有条件的地方设立代表处，待条件成熟后，再加快设立营业性分支机构或者进行并购；对于城市商业银行和农村商业银行来说，由于自身暂时并不具备国际化发展的实力，且国际化需求较低，应首先立足于国内市场，进一步提高内部管理水平，巩固优势，为未来的进一步发展奠定基础。

5.3　因"需"而动布局境外网络

中资银行在"走出去"的区域布局中需要考虑多种因素，因其最主要的目的是要追随"走出去"的中资企业，为其提供融资、贷款、结算、投资等多方位的资金保障，所以应将服务对象的区位布局考虑在内。此外，中资银行在海外布局上还需综合考虑东道国的经济发展潜力、双边经贸往来、市场盈利空间，以及国家战略需求（包括产能输出、资源引进等）和政治、外交等因素，谨慎选择合适的目标区域。

表5-1 2014年中资银行境外网络区位分布与贸易额、FDI、ODI情况对比

单位：%

地区	中资银行机构分布	进出口贸易额	FDI	ODI
亚洲	44.8	52.6	82.74	70.11
欧洲	28.1	17.92	5.61	5.52
北美洲	12.5	14.13	2.73	4.53
大洋洲	8.9	3.62	1.59	3.39
拉丁美洲	3.6	5.13	6.00	13.32
非洲	2.1	6.6	0.85	3.13

数据来源：浙江大学CIFI，国家统计局，Wind资讯，各行历年年报。

注：境外机构数为各银行海外分行及分支机构数目，不包括支行、代表处。

中国进出口贸易额、FDI以及ODI在亚洲地区的比重均最高，中资银行的境外分布与之基本匹配（见表5-1），亚洲占比同样最高。这一现象反映出亚洲地区在中资银行甚至中资企业国际化战略中的重要地位，无论是亚太新兴经济市场，还是中东资源丰富地区，均是中资银行在"一带一路"战略指导下需进一步加强合作的地区。同时，相比经济往来的区位分布，中资银行机构分布在欧美表现良好，在这些金融发达的国家进行扩张时，中资银行应更为注重在高水平竞争平台上对国际型综合银行的学习与借鉴。此外，中资银行在拉丁美洲和非洲的网络布局落后于中国整体与这些地区的经济往来，在后续国际化进程中，应当加强在拉丁美洲和非洲等相关国家的探索实践。

总而言之，中资银行在海外布局上，应牢牢抓住国家政策的机遇，加强与"一带一路"沿线国家（地区）的金融合作，并以中国香港、新加坡等经济发展成熟的亚洲地区为重点，巩固亚洲市场，继而向泰国、马来西亚等金融开

放程度较高的国家以及中东等战略资源丰富的地区拓展。同时，中资银行要继续发展和开拓北美市场，积极增加欧洲地区网络部署，并加强在非洲、拉丁美洲等国家的布局。

5.3.1　"一带一路"沿线地区战略

"一带一路"沿线包括东南亚、南亚、中亚、欧洲等国家，是我国当下最重要的经济战略热点。在加快同周边国家和地区基础设施互联互通建设的同时，自然也离不开资金的互联互通。例如，中泰"高铁换大米"计划、中巴经济走廊、匈塞铁路等跨境基础设施项目的启动便需要大量的资金投入。所以，从银团贷款、银行授信等多边金融合作方式的开展，到亚洲基础设施投资银行、金砖国家开发银行等新的国际金融组织的设立，通过各方共同筹集资金，一座"一带一路"资金融通的桥梁正在逐步搭建起来。

"一带一路"等区域经济、金融合作进程的加快为中资银行海外发展提供了良好的政策环境，同时也为金融机构的创新发展带来了新的机遇。仅中国银行便准备在未来三年，出资 1000亿美元支持企业"一带一路"的产业布局；中国建设银行已确立"一带一路"相关项目资金需求约2000亿元人民币，将通过"信贷、融资、引资"三轮驱动，为"一带一路"提供金融支持；国家开发银行则启动了"一带一路"重点项目储备库，涉及64个国家约900个项目，投资金额逾8000亿美元；中国工商银行也已在"一带一路"境外沿线国家储备项目131个，投资金额达1588亿美元。

此外，哈萨克斯坦、吉尔吉斯斯坦、塔吉克斯坦、土库曼斯坦、乌兹别克斯坦等中亚国家对我国地缘政治以及能源战略具有重要意义。虽然这些国家经济落后，经济总量较小，但中亚地区对于我国能源进口与输送以及边陲稳定具有重要意义。特别是随着我国"一带一路"战略的逐步推进，中资企业加快走出国门，加强对这些沿线中亚国家在基础设施等方面的建设，更需要中资银行的入驻，为当地的中资企业提供金融服务支持。同时，由于这些国家和地区的金融服务不完善，竞争压力小，也为中资银行的进入带来了契机。但鉴于这些国家的经济和政治环境不稳定，中资银行进入面临一定的经营风险，建议这些薄弱地区可先以政策性银行为主，通过签署合作协议，建立健全在本币结算、人民币现钞调运、货币互换、银联卡等方面的合作机制，推进机构互设等深层次合作。从具体实践上看，1993 年3月中国工商银行在哈萨克斯坦设立了第一家中资银行，即中国工商银行（阿拉木图）股份公司，这也是中国工商银行第一家海外营业性机构。经过20多年的发展和经验积累，中国工商银行（阿拉木图）股份公司通过为公司和个人客户提供全方位的金融服务，起到了连接中哈经贸往来的金融桥梁作用。

5.3.2　亚洲与中东地区战略

在中资银行"走出去"的过程中，亚洲地区是首选。一方面，从经济环境来说，亚洲经济逐渐成为世界经济最活跃的部分之一，我国经济实力的不断增强，与亚洲各国的贸易额不断增加，均为中资银行开拓亚洲市场带来了良好契机。另一方面，亚洲市场无论是在地缘还是文化上，都与国内较为接近，方便中资金融机构"走出去"后对分支机构的管理及兼并收购后的内部整合。

首先，具体的区位选择应当首先着眼于经济发展相对成熟的国家和地区，比如东京、中国香港和新加坡等，因为这些地区金融环境优越，市场化程度较高，法律制度较为完善，有利于中资银行参与国际化的资本竞争，并与国际市场最新趋势保持较为密切的联系，从而快速提升整体实力。

目前，香港是内资企业对外投资经营最集中的地区，2014年占我国对外直接投资额的58.26%，对金融服务业有较大的需求。中国工商银行、中国银行等大型商业银行均已经通过设立分支机构或并购等方式，在香港占据了一定份额。除此之外，内地券商也开始把触角伸向香港，且已不仅仅满足于设立面向国际市场的香港子公司，而是进一步以收购兼并香港的金融机构来加速国际化。2015年1月底，中信证券收购KVB昆仑国际金融集团有限公司60%的股权，由此开始布局全球外汇经纪业务；2015年2月1日，光大证券公告称与香港新鸿基有限公司正式签约，以40.95亿港元收购后者旗下新鸿基金融集团有限公司70%的股份。

其次，要努力开拓金融开放程度较高、限制较少的国家和地区市场，如泰国、马来西亚、菲律宾等。虽然这些国家和地区的经济总体不发达，但金融开放程度较高，投资者进入门槛很低，市场的竞争压力较小，适合中小股份制商业银行发展。目前我国招商银行、浦发银行、华夏银行、兴业银行、广发银行等一批利润率高、服务质量好的银行已开始与当地银行组建战略合作关系，利用贸易融资的方式，促进中资银行在这些地区的发展。其中，招商银行在这些地区的发展规模较大，并与泰国、马来西亚当地的商业银行合作开展跨境人民币转账、国际结算、贸易融资、保函业务和离岸金融业务，在当地具有一定的影响力。

最后，利用"一带一路"契机加强与中东地区国家合作，为能源合作领域项目及企业"走出去"提供金融支持。中东地区油气资源丰富，战略意义非凡，与中国政治、经济、文化的交流也日益密切。目前，中资银行在阿联酋、沙特阿拉伯、科威特、卡塔尔等国家均建有分支机构，中国工商银行也于2015年5月完成了对土耳其纺织银行75.5%的股权收购，成为首家在土耳其设立营业性机构的中资银行。所以，中资银行应当充分抓住国家政策契机，在为双方企业交流提供金融支持的同时，拓展自身在中东区的发展。当然，中东地区文化关系复杂、政治局面动荡，中资银行在进行投资与经营时需要重视风险的管理与退出机制的完善。

5.3.3　北美地区战略

中资银行实施"走出去"战略时，北美市场也是一个不可忽视的重要部分。一方面，北美是我国贸易出口的集中地区，2014年中国对北美的出口占中国出口总额的18.2%，同时我国也有9.4%的进口来自北美。另一方面，北美先进的跨国银行在人才配备、成本控制和经营效率上存在明显优势，且2008年金融危机后该地区资产价格相对低廉，中资银行抓住时机进入北美市场，不仅有利于中资银行抢占市场份额，提高国际知名度，而且有利于中资银行完善经营管理机制，引进新的技术和人才，通过国际化的竞争来实现变革。

美国作为世界上经济最为发达的国家，引领着金融领域的发展与创新。美国的大型国际银行多经营综合性业务，进入美国市场，与这些银行进行竞争，是对中资银行提出的巨大挑战，但同时也提供了向这些金融控股公司近距离学习的机会。中资银行在进入美国市场时应当深入了解现代化金融市场的基本规则，在新平台上学习先进经验、展现自身魅力。加拿大是西方七大工业化国家之一，以贸易立国，制造业、高科技产业、服务业发达。中资银行可以通过服务于相关外贸企业，在促进中加两国经济交流的同时，增强对加拿大的战略部署。

近些年中国银行、中国工商银行、中国建设银行、招商银行等均在北美市场设立了分支机构，并通过并购活动不断突破。2009年，中国工商银行以7300万美元收购加拿大东亚银行70%股权；2011年，其又与美国东亚银行在美国芝加哥签署买卖协议，用1.4亿美元收购资产达7.17亿美元的美国东亚银行80%的股权，为中资银行通过并购打入美国市场提供了借鉴。

5.3.4　欧洲地区战略

作为世界重要经济区域，欧洲主导了人类历史上的第一次工业革命，并奠定了西方现代文明的基础。欧洲地区工业、交通运输、商业贸易、金融保险等行业在世界经济中均占有重要地位，与中国的经济往来也十分频繁。2014年中国对欧洲的出口额占中国出口总额的18.74%，其中欧盟占比达15.83%；同时我国也有17.16%的进口来自欧洲（欧盟占12.46%）。欧洲金融业历史悠久，世界影响力巨大，中资银行进入欧洲地区可以学习他们的管理与经营理念，提升自己的国际化运行能力。欧债危机后欧洲地区经济发展受挫，资产价格相对低廉，中资银行对欧洲市场的积极开拓，不仅有利于市场份额的扩大，国际声誉的提升，还有利于中资银行对成熟技术和人才的引进。

目前，中资银行在欧洲地区仅有俄罗斯、英国、德国、卢森堡四国有5个以上的分行级别机构设置，在其他国家的分布相对较少或完全没有，发展空间广阔。同时，"一带一路"战略构想并不局限于亚洲周边国家和地区，而是希望能借此打通欧亚经济大动脉。2015年6月6日，中国与匈牙利签署了两国关于共同推进"一带一路"建设的政府间合作备忘录，匈牙利成为第一个走上"一带一路"的欧洲国家。

"一带一路"战略为我国企业进入欧洲市场创造了条件，中资银行在欧洲地区存在空白，有待填补，因此，中资银行仍然应当重视欧洲地区的网络建设。针对综合实力很强的国家，如英国、俄罗斯、德国、法国、意大利等，应当注重分支机构业务质量的提升与盈利结构的优化；针对其他综合实力较弱且中资银行分布尚属空白的国家，应该积极探索合作途径，通过设立分支机构或参与并购活动进入当地市场，拓展国际化网络。

5.3.5　非洲与拉丁美洲等新兴市场地区战略

随着我国与新兴经济体贸易及投资额的不断增长，非洲和拉丁美洲日益成为我国对外贸易和投资的重要区域。一方面，虽然非洲经济相对落后，但其黄金和钻石等矿产资源丰富，并且在政治外交方面对我国具有积极意义，越来越多的海外投资者开始投身于以南非为代表的非洲国家的经济建设中。从2007年开始中国工商银行便努力抓住非洲市场发展机遇,成功收购了南非标准银行20%的股权,参与新兴经济体的海外投资活动。但总的来说,非洲国家整体经济发展水平不高,商业银行规模运作难度较大,可优先考虑通过开发性银行与当事国政府率先开展金融合作,并在此基础上推进机构互设等深层实践。

另一方面,拉美地区经济发展成绩也不可小觑,以巴西、墨西哥为首的拉丁美洲经济体在全球经济受到重挫之后,利用其丰富的资源优势,进入了经济快速发展的新时期。但中资银行在这些国家面临着两个现实障碍:一是语言障碍,西班牙语是许多拉美国家的官方语言,这对中资银行员工和管理人员提出了更高的要求;二是治安问题,比如委内瑞拉、哥伦比亚和墨西哥等国的犯罪率非常高。所以中资银行直接进入难度较大,可采取并购当地中小金融机构的策略扩展海外业务。目前中国工商银行和中国建设银行等纷纷有意愿加大对拉美的投入,且中国建设银行已于2013年11月与巴西Bicbanco银行达成协议,以7.16亿美元收购其72%的股权。

金融机构在推动双边经贸和金融合作方面发挥着重要作用,且我国与沿线国家在金融机构互设方面尚有很大空间,未来可考虑积极推动中资金融机构"走出去",扩大中资金融机构在境外设立分支机构的范围,为促进双边合作提供有力的金融支持。同时,也要鼓励中资银行结合外贸产业的发展特点开展机制创新和产品创新,加强与东道国金融机构的联系沟通,开展跨地区股权合作、银团贷款、融资代理业务等金融合作,构建优势互补机制。

5.4 因地制宜选择扩张模式

常见的海外发展模式主要有两类:一是设立新的分支机构,包括分行、子行和代表处;二是通过并购参股或控股海外金融机构。两种模式在准入门槛、扩张速度、投资成本、风险等方面存在一定差异，并各具优劣（见表5-2）。

对发展模式的选择需要综合考虑不同国际扩张方式的优势与风险，并结合国际环境、政策背景以及自身的发展愿景和能力做出最优决策。一般而言，新设分支机构是较为传统的扩张方式，其效果较为稳定，目前也是中资银行最为常见的选择；而跨境并购作为中资银行在21世纪开始的新型尝试，需要更为专业的人才与知识来保证顺利完成。

表5-2 "走出去"两种模式的比较

项目	新设分支机构			进行海外并购	
	代表处	分行	子行	参股	控股
与母行关系	母行全资所有	母行全资所有，可利用母行资产和品牌声誉	母行拥有控股权或全部股权，无法利用母行资金和品牌声誉	母行拥有部分股份	母行拥有控股权
法人地位	非独立法人	非独立法人	独立法人	独立法人	—
准入门槛	设立相对简便	存在政策壁垒，监管要求适中	审批复杂，监管严格	依东道国金融开放程度确定，通常较小	
投资成本	运行花费低，退出成本低	初期较小，可追加投资	初期较小，可追加投资	资金需求大，可能增加主并购方财务压力	
扩张速度	设立较简便，扩张较缓慢	设立周期长，扩张较缓慢	设立周期长，扩张较缓慢	可使用被并购方原有网络，扩张速度快	
业务范围	进行前期调查，保持与客户、监管机构沟通	资本、业务等领域受限较小，范围多以大额批发业务为主	经营范围广泛，可混业经营	可从事被并购方原有的业务	
风险	低	母行承担连带责任	母行以出资为限，不承担连带责任	牵涉因素多，风险较高	
本土化程度	较低，成立初期母国有关客户占比高			本土化程度高，拥有被并购方原有的客户资源	

数据来源：浙江大学CIFI。

5.4.1 审慎选择海外发展模式

一般来说，新设机构这一模式受当地监管限制较严，且在东道国的所有业务均需要从头做起，发展周期较长，对当地市场的适应和渗透速度较慢。同时，新设机构在发展初期的品牌知名度和市场认可度也较低，难以融入当地主流社会。但这一方式较为安全稳健，不存在较大的文化整合问题，管理和控制相对容易。

相反，采用并购这一模式则可以避免烦琐的机构设立审批手续，缩短进入东道国的时间，并获得被并购银行原有的客户群和本土化网络从而迅速打入当地市场，同时还能在一定程度上减少和规避目标市场国针对外资银行经营设置的种种壁垒，有利于在当地开展多元化经营。但这种方式存在并购后的企业文化、人力资源、财务管理等方面的整合问题，具有一定的风险。目前，中资银行的跨境并购活动已出现了一些失败案例，例如2007年中国民生银行出资1.26亿美元收购美国联合银行9.9%的股权，但最终这项投资因被收购公司的倒闭而宣告失败。

总体来看，在资本全球化不断推进的今天，通过并购实现快速增长，是现代金融机构特别是有较强国际经营能力的国际大型银行扩张的重要方式与手段。但由于存在信息不对称，中资商业银行对东道国市场的熟悉程度不及东道国经营多年的本土性银行，跨境并购风险较大。

因此，对于刚走上国际化道路的商业银行来说，若东道国监管限制较低，先采用新设境外机构的方式或许相对稳妥一些，待熟悉环境，找到合适的收购对象之后，再通过并购重组、机构整合的方式实现现有机构的有效扩张。

5.4.2 仔细考量新设机构形式

通过新设分支机构（分行、子行和代表处）进行海外扩张的中资银行需要考虑其具体形式的选择。

首先，代表处是跨境银行在东道国设立的一种初级分支机构，不能经营具体的存贷款业务，但可以为母行搜集关于东道国政治、经济、文化、法律以及商业机会的信息，建立并维护母行与东道国的关系网络，为开展具体业务做好前期准备工作。因此，中资银行在进入东道国的初期可先设立代表处，用来进行东道国信息搜集、市场机会调查，从而规避贸然进入东道国所带来的巨大风险。若经详细调查后，认为当地适宜建立正式的经营性机构，中资银行可以将原有的代表处升级为境外分行或者在当地成立子行。

其次，分行和子行都属于经营性的分支机构，但前者不具有独立的法人地位，而后者是按照东道国法律设置的具有独立法人地位的实体。因此，当地监管部门对外资银行法人公司（子行）和外资分行也有不同的监管要求。通常情况下，分行在资本、业务等领域受到当地的监管限制比子行更少，但子行的独立法人地位具有风险隔离的作用，可以防止跨境银行在某一东道国的经营风险传递到其他地区。此外，由于我国目前仍然实行比较严格的分业经营和监管制度，海外分行只能在母行的经营范围内开展业务，而子行则可以在允许混业经营的国家实行混业经营，这在一定程度上限制了中资分行海外业务的广泛性、灵活性和市场竞争力。同时，由于中资分行在东道国受到的监管力度较小，一些国家可能会人为设置政策壁垒，阻止中资银行以分行形式进入。以英国伦敦为例，除中国银行基于特殊历史原因在1929年设立了伦敦分行外，之后一直未允许其他中资银行以分行形式进入。直到2013年第五次中英经济财金对话后，英国监管机构才同意考虑仅从事批发业务的中资银行在英国开设分行的申请。2014年12月2日，中国工商银行伦敦分行在英国伦敦正式宣布对外营业，成为自新中国成立以来中国境内银行在英国获准成立的首家分行。

因此，在准入门槛较低、法律和监管制度健全、信贷业务资源丰富的地区（如东盟、欧盟国家），可通过设立分行的方式发挥集团优势；在准入和监管条件限制较多（如英国、美国）、经营风险相对较高的地区（拉美国家），可通过设立子行的方式设立防火墙。而在具体业务分配上，子行可以开展业务的种类较多，但也会有资本充足率等监管指标要求；而分行业务种类相对简单，相应的监管指标要求也较低。因此，中资银行通常会将零售和小企业业务交予境外子行，而把大额批发业务交予境外分行，在利用总行授信优势的同时不占用境外子行的指标。

总而言之，中资银行的"走出去"不是一时之举，而是长久的发展方向，对其现状的把握是为了更好地规划未来的前进道路。尽管国际舞台空间广阔，仍需谨慎经营，方能恒久立足。

　　经过不懈地努力，《2015中资银行国际化报告》终于和读者见面了。改革开放近40年来，伴随着企业"走出去"与人民币国际化进程的推进，"一带一路"等多个国家全球战略的实施，各类中资金融机构尤其是中资银行加快了国际化的步伐并取得了突出的成绩。有鉴于此，浙江大学互联网与创新金融研究中心、浙江大学金融研究所、中国人民大学国际货币研究所共同组织研究了这份报告。

　　《2015中资银行国际化报告》的顺利完成，得益于全体课题组成员的不懈努力，也离不开专家团队的鼎力支持。由国务院发展研究中心产业经济部部长赵昌文，上海黄金交易所理事长焦瑾璞，中国光大集团股份公司执行董事、副总经理刘珺，中国投资有限公司首席风险官赵海英，中国人民大学财政金融学院副院长赵锡军，上海银行董事长金煜，IMI副所长、中国农业银行首席经济学家向松祚，中国银行国际金融研究所常务副所长陈卫东，中国银行业监督管理委员会政策研究局副局长张晓朴，厦门国际金融资产交易中心董事长曹彤，乐视高级副总裁王永利，中银香港发展规划部副总经理鄂志寰以及浙江大学金融研究所所长王维安组成的专家团队为本次研究和报告提供了专业化的指导，并提出了若干建设性的意见。《国际金融研究》杂志副主编边卫红也对本报告提出了宝贵的建议。

在CBII指标体系构建时，浙江大学经济学院副院长杨柳勇、浙江大学金融研究所所长王维安、浙江大学金融研究所副所长黄燕君、浙江大学产业经济研究所副所长马良华、浙江大学金融研究所徐加、浙江大学金融研究所唐吉平、上海银行浦东分行副行长王文烈、证通公司副总裁杨彪、中国人民银行宁波市中心支行傅华明、宁波银监局章晶晶、中信银行杭州分行陈如、中国工商银行浙江省分行高佳姮、浙江银监局处长孙利生等100余位专家学者给予了团队悉心的指导。

另外，中国银行国际金融研究所、Wind资讯等机构也在研究分析的思路和数据上提供了有力的支持。浙江大学龚慧超、叶修平、季以诺、李卓钰、王晓婧、施艳皎、Sadar Usman以及Edward Brient也对本报告的数据搜集、资料整理贡献了力量。

值此报告付梓之际，谨代表全体课题组成员，对专家成员以及对本次研究及报告提供支持的其他单位和个人表示诚挚的感谢！

［1］甘均先.“一带一路”：龙象独行抑或共舞？［J］.国际问题研究，2015（7）.

［2］蒋海曦.银行国际化发展阶段及实现途径的理论比较与评析［J］.经济学家，2014（4）.

［3］方斐.中国国有商业银行境外机构的经营策略研究［D］.杭州：浙江大学，2009.

［4］汤凌霄，欧阳峣，黄泽先.国际金融合作视野中的金砖国家开发银行［J］.中国社会科学，2014（9）.

［5］王友明.金砖机制建设的角色定位与利益融合［J］.国际问题研究，2015（5）.

［6］王建，窦菲菲.金砖国家银行业竞争力评估和比较研究［J］.国际金融研究，2014（3）.

［7］陈雨露，甄峰.大型商业银行国际竞争力：理论框架与国际比较［J］.国际金融研究，2011（2）.

［8］陈建中，黄欣丽.银行国际化路径影响因素分析——基于汇丰

银行和花旗银行案例［J］.国际贸易问题，2014（9）.

　　［9］金玲."一带一路"：中国的马歇尔计划？［J］.国际问题研究，2015（1）.

　　［10］陈虹，杨成玉."一带一路"国际战略的国际经济效应研究——基于CGE模型的分析［J］.国际贸易问题，2015（10）.

附录1《2015中资银行国际化报告》发布稿

改革开放至今已近40年，中国金融市场在引进大量外资的同时，也在积极融入国际市场，各类中资金融机构，尤其是中资银行都在为拓展海外市场而努力且初具规模。一方面，中资银行的国际化发展是中国金融市场对外开放的重要体现，其本身的规模、区位选择和模式探索都具有较大的研究价值；另一方面，银行是金融服务的重要供给者，为现代企业的发展提供了必不可少的金融支持，中资银行的海外发展现状既可反映中资企业的海外发展情况，也会对往后的中资企业国际化拓展产生重要影响。

中资银行国际化指数编制

在国际经济呈现分化新格局、国内经济步入运行新常态的背景下，在人民币跨境使用规模范围齐升、国内资本市场逐步开放的趋势下，在"走出去"战略、"一带一路"战略积极推行的历史契机下，本报告着眼于直观且深入地分析中资银行的国际化现状，通过层次分析法（Analytic Hierarchy Process，简称AHP），选取三类指标从境外资产积累、营业情况、分支机构以及海外并购等多方面建立中资银行国际化指数（Chinese Banks Internationalization Index，简称CBII），并分别对国际化实践较为丰富的大型商业银行和股份制银行进行指标评估与排序，两个指数体系的主要区别存在于具体指标参数的选择和权重的设定。本报告希望通过CBII的编制，综合反映我国银行业的国际化程度，使各中资银行正确认识自己目前的发展水平及市场地位；并通过数据的实时更新反映其动态进程，分析中资银行在国际化进程中出现的新挑战和机遇，有利于中资银行更好地制定下一步的国际化发展战略。同时，CBII也为评估其他金融机构的境外发展水平提供了可借鉴的方法与思路。

中资银行国际化排名

根据上述CBII编制方法，本报告计算出了5家大型商业银行和部分股份制银行的CBII数值，并对其进行了排名，具体如下：

CBII排名

排名	银行	指数
1	中国银行	23.72
2	中国工商银行	9.12
3	交通银行	7.73
4	中国建设银行	4.47
5	中信银行	4.38
6	中国农业银行	3.30
7	招商银行	2.29
8	广发银行	1.22
	合并值	8.56

注：本表中显示的CBII排名采用的是"模拟体系"的排名结果。因5家大型商业银行与股份制银行有较大区别，因此在设计CBII指标时分别针对大型商业银行和股份制银行建立了两套体系，其中指标具体参数和权重的设定都不同，其指数结果不可直接比对。为解决此问题，本报告将大型商业银行的数据代入到股份制银行的模型中，得出本表指数作为排名的一种参考。

部分中资银行国际化排序

排名	境外资产	境外资产占比	境外资产增长率
1	中国银行	中国银行	中国农业银行
2	中国工商银行	交通银行	中国工商银行
3	中国建设银行	中国工商银行	浦发银行
4	交通银行	中国建设银行	中国建设银行
5	中国农业银行	中信银行	交通银行
6	中信银行	中国农业银行	中国银行
7	招商银行	招商银行	招商银行
8	浦发银行	广发银行	中信银行
9	广发银行	浦发银行	广发银行

排名	境外营业收入	境外营业收入占比	境外营业收入增长率
1	中国银行	中国银行	光大银行
2	中国工商银行	中国工商银行	中国农业银行
3	中国农业银行	交通银行	招商银行
4	中国建设银行	中信银行	交通银行
5	交通银行	中国农业银行	广发银行
6	中信银行	中国建设银行	中国工商银行
7	招商银行	招商银行	中信银行
8	广发银行	广发银行	中国银行
9	光大银行	光大银行	中国建设银行

排名	境外利润	境外利润占比	境外利润增长率
1	中国银行	中国银行	招商银行
2	中国工商银行	交通银行	中国建设银行
3	中国建设银行	中国工商银行	交通银行
4	交通银行	中信银行	广发银行
5	中国农业银行	招商银行	中国农业银行
6	中信银行	中国建设银行	中信银行
7	招商银行	中国农业银行	中国银行
8	广发银行	广发银行	中国工商银行

基于中资银行国际化指数结果以及相关发展现状数据，本报告得出中资银行国际化发展的五个核心结论：

◎五大行国际化中国银行遥遥领先。从指数来看，中国银行连续8年国际化指数为五大行平均水平的2.5倍以上，最大时为3.5倍；中国工商银行与交通银行近8年基本位于五大行平均水平线上；中国建设银行和中国农业银行国际化稍显滞后；从增速来看，中国农业银行年均增速最大，随后依次为中国工商银行、中国建设银行和交通银行，中国银行略有负增长（可能由于边际增速递减而引起）。五大行的2014年国际化水平由高至低依次为：中国银行（20.99）、中国工商银行（8.17）、交通银行（7.12）、中国建设银行（4.08）、中国农业银行（2.72）。

◎股份制银行国际化中信银行占得先机。从指数来看，中信银行国际化水平大幅领先，约为3家银行综合平均水平的1.5倍，招商银行和广发银行则在平均水平线下方；从增速来看，广发银行增长最快，其次为招商银行，中信银行的国际化进程则近5年陷入停滞。部分股份制银行的2014年国际化水平由高至低依次为：中信银行（4.38）、招商银行（2.29）、广发银行（1.22）。

◎中资银行境外资产、营业收入和利润占比远低于国际大型银行。近8年五大行平均境外资产、营业收入和利润占比分别为8.09%、6.12%和6.30%，而相应的花旗银行数值分别为60.29%、50.59%、50.32%，汇丰银行分别为48.36%、62.35%、69.05%，约为五大行平均值的8倍。由此可见中资银行的国际化发展与国际先进水平差距甚远。

◎中资银行境外资产、营业收入和利润增速持续高于国内经济发展。除了受2008年次贷危机的影响以及国内4万亿元投资的驱动外，2007年至2014年的8年间，中资银行境外资产、业务发展在大多数年份保持了显著高于境内业务、对外直接投资（ODI）、对外贸易以及我国GDP的增长，尤其是五大行的境外业务近几年平均增速高达28.56%。而在五大行中，境外资产规模最小的中国农业银行近些年境外业务增速最为突出，2014年达到了76.77%，是五大行平均增长率的2.6倍。

◎五大行海外机构近一半在亚洲，分布集中。从总量上来看，中国银行和中国工商银行境外机构远多于其他3家银行，几乎占到了四分之三。从地区分布上来看，五大行海外机构约一半集中在亚洲地区，说明国内银行对外扩张时多以周边地区作为首发地点，同时，近些年亚太地区新兴国家发展迅速，对金融服务的需求大幅增长，促使中资银行在亚太地区的业务拓展。另外，欧洲和美洲等发达地区的分支机构数量显著高于非洲地区，这表明除了拥有地缘优势的周边国家和地区之外，中资银行资本会优先向资本充裕的发达国家流动。

中资银行海外发展战略建议

在充分了解目前中资银行的国际化发展阶段和现状的基础上，本报告总结了国内外金融机构的海外发展经验，提出下列战略建议。首先，各银行应立足自身实际，审慎制定国际化规划，结合自身实际进行海外扩张，切勿跟风。

其次，在"走出去"的区位选择上，应牢牢抓住国家政策的机遇，加强与"一带一路"沿线国家和地区的金融合作，同时向新加坡、中国香港等发达金融市场国家和地区拓展，并努力填补欧洲空白，加强在非洲、拉丁美洲等国家的布局。再次，在"走出去"的模式选择上，对于刚走上国际化道路的商业银行来说，若东道国监管限制较低，先采用新设境外机构的方式或许相对稳妥一些，待熟悉环境，找到合适的收购对象之后，再通过并购重组、机构整合的方式实现现有机构的有效扩张。最后，在有着积极预期的海外发展前景下，中资金融机构应坚持"走出去"的发展目标，拓宽境外发展区位选择，正确选择海外发展模式，并积极抓住国家政策机遇，实现稳健而快速的海外发展。在"走出去"的机构形式选择上，初期可设立代表处，之后可考虑通过分行发挥集团优势，通过子行设立防火墙。

最后，本报告的指标体系是开放且保持动态调整的。随着中资银行"走出去"的步伐不断加快、"走出去"的方式逐渐多样，中资银行的国际化统计指标一定会更加完善。

Press Release

2015 Report on the Internationalization of Chinese Banks

Center for Internet & Financial Innovation (CIFI) , Zhejiang University, in partnership with International Monetary Institute (IMI), Renmin University of China & International Finance Institute, Bank of China are pleased to release the progress report of a research project on Chinese banks' global expansion with the key findings and recommendations summarized below.

After nearly 40 years' development since China's Reform and Opening Up, the financial markets in China have gradually integrated into the global markets. Particularly for Chinese local financial institutions, their attempts to explore oversea markets and to expand their business abroad have achieved many remarkable successes, but clearly there is still a long way to go. In this report, we try to analyze Chinese banks' level of internationalization by introducing the Chinese Banks Internationalization Index (CBII) . This index is designed to dynamically capture the internationalization process of different Chinese banks over time, and the analytical results provide some insightful implications for both regulatory agencies and financial institutions.

The Chinese Banks Internationalization Index (CBII)

The CBII is constructed based on a multiple set of criteria: (1) the oversea assets accumulation, (2) the operation of oversea business, (3) the number of overseas branches, (4) the number of cross-border M&A, etc. We also differentiate the Big 5 large commercial banks, which have gained more experiences in the process of internationalization, and the shareholding commercial banks when selecting the key driving factors and their corresponding weights. The Analytic Hierarchy Process (AHP) method is then applied to find out the optimal weights for each factor.

Rankings & Major Findings

◆ **Bank of China is most internationalized among the "Big 5" state-owned banks.** The CBII indicates that Bank of China has the highest level of internationalization with its index value 2.5 times (3.5 times highest) above all five banks' average from year 2007 to 2014. And Agricultural Bank of China is accelerating its pace of internationalization, although in general is still largely falling behind. As of 2014, the CBII value for BOC, ICBC, Bank of Communication, CCB and ABC were 20.99, 8.17, 7.12, 4.08 and 2.72 respectively.

◆ **CITIC Bank is in the lead among shareholding commercial banks.** In contrast with China Merchants Bank and Guangdong Development Bank, CITIC Bank is overall more internationalized, but on the other hand, its growth rate has slowed down largely over the past 5 years, while Guangdong Development Bank is quickly catching up. At the end of 2014, the CBII for CITIC Bank, CMB and GDB stood at 4.38, 2.29 and 1.22.

◆ **Chinese banks' contributions from oversea business are still low.** For the "Big 5" state-owned banks, from 2007 to 2014 the percentages of assets, revenue and net profits generated outside of China are only 8.09%, 6.12% and 6.30% respectively, which are significantly behind global banks like like CITI Bank (60.29%, 50.59%, 50.32%) and HSBC (48.36%, 62.35%, 69.05%) .

• **But Chinese banks' oversea business is growing fast.** Excluding the influences from 2008 global financial crisis and Chinese government's four trillion yuan ($586 billion) stimulus investments, Chinese banks' oversea business have expanded at a much higher speed over the past 8 years, compared favorably with China's ODI and GDP growth rates during the same period. Particularly for the "Big 5" state-owned banks, the growth rate has reached 28.56% on average in recent years, with Agricultural Bank of China growing at a stunning 76.77% in 2014, albeit from a much modest base.

• **Almost half of the oversea branches of "Big 5" banks are located in Asia.** Geographically, nearly half of "Big 5" state-owned banks' oversea branches are located in Asia. Besides, there are clearly more branches in more developed regions like Europe and North America than in less developed regions like Africa, implying that developed markets are still the major targets for Chinese banks' capital outflows. Among the Big 5, Bank of China and ICBC have the widest oversea branch network, taking up almost 3/4 of the total number.

Strategic Advice for Overseas Expansion

• **Banks should be more prudent, when developing their internationalization strategies.** The strategies should reflect banks own capabilities and business priorities. Simply copying others is fraught.

• **Banks should follow the trend of (Chinese) government policies and** priorities more closely. **In this connection** banks should consider expanding their businesses and network along the "One Belt and One Road" countries and markets, while continuing making strategic deployments in developed markets.

◆ **Banks should pay more attention to the financial regulations in different countries.** For countries with lower regulatory barriers, banks could consider entering the market by establishing local branches, and further expanding the business by acquiring other local banks.

◆ **Different forms of foreign branches should be considered at different development stages.** At the early stage with a lot more "uncertainties" and "unknowns", a representative office is a quick way to establish some presence, while at more mature stages and with more global operating experiences, branch office or bank subsidiary should be considered.

The research has been conducted, over a period of 9 months by a team comprising of faculty and research assistants in Zhejiang University and is headed by Prof Ben Shenglin, Executive Director of IMI and Director of CIFI.

For additional information and inquiries, please contact Professor Ben Shenglin (benshenglin@zju.edu.cn) .

Beijing Sept. 20, 2015

附录2　《2015中资银行国际化报告》发布会部分媒体报道链接

　　2015年9月20日，"《2015中资银行国际化报告》发布会"在中国人民大学举行。本次会议由中国人民大学国际货币研究所（IMI）、浙江大学互联网与创新金融研究中心（CIFI）、中国银行国际金融研究所联合主办，支持单位包括浙江大学EMBA教育中心、万得资讯（Wind资讯）、浙江大学金融研究所。路透社、中国金融信息网、新华社、《中国金融》杂志、商务部《中国外资》、《中国经济报告》、《中国经济导报》、《香港文汇报》及《证券日报》对本次发布会进行了报道，万得资讯对发布会现场进行了全程直播。部分媒体链接如下：

　　【中国金融信息网】《2015中资银行国际化报告》发布稿

　　http：//rmb.xinhua08.com/a/20150921/1554630.shtml

　　【中国金融】中资银行国际化指数发布

　　http：//www.cnfinance.cn/articles/2015-09/21-22451.html

　　【中国外资】《2015中资银行国际化报告》发布: 中资银行如何真正国际化

　　http：//www.ficmagazine.com/root/10142/category3

　　【京华时报】中资银行国际化战略"切勿跟风"

　　http：//epaper.jinghua.cn/html/2015-09/24/content_237744.htm

　　【光明日报】《2015中资银行国际化报告》发布

　　http：//epaper.gmw.cn/gmrb/html/2015-10/16/nw.D110000gmrb_20151016_4-07.htm

　　【中国经济导报】银行"走出去"跟不上实体经济：管理人才被管得太紧

　　http：//www.ceh.com.cn/cjpd/2015/09/870796.shtml

【21世纪经济报道】报告指中资银行国际化水平与外资行差距大

http：//m.21jingji.com/article/20150921/herald/6bff33fc50246b77068067abde8aaaf7.html

【第一财经日报】《2015中资银行国际化报告》：中行遥遥领先　农行增速最快

http：//www.yicai.com/news/2015/09/4688351.html

【法制日报】《2015中资银行国际化报告》发布

http：//www.ficmagazine.com/root/10142/category3

【法制日报社《法治周末》】中资银行艰难"出海"

http：//bank.hexun.com/2015-09-23/179402763.html

【金融时报】中资银行国际化战略"切勿跟风"

http：//www.financialnews.com.cn/yh/gd_89/201509/t20150922_84391.html

【第一财经频道】"一带一路"将助推中资银行国际化水平

http：//v.money.163.com/video/2015/9/1/F/VB33JO31F.html

【中国网】《2015中资银行国际化报告》发布会在人民大学举行　中国银行国际化指数名列第一

http：//www.china.com.cn/newphoto/news/2015-09/21/content_36639342_2.htm

【中国金融信息网】《2015中资银行国际化报告》发布会举行

http：//rmb.xinhua08.com/a/20150921/1554613.shtml

【中国评论通讯社】智库论坛：经济专家谈中资银行的国际化

http：//www.zhgpl.com/doc/1039/3/8/0/103938068.html?coluid=1&kindid=0&docid=103938068&mdate=0921010123

【21世纪经济报道】报告指中资银行国际化水平与外资行差距大

http：//m.21jingji.com/article/20150921/herald/6bff33fc50246b77068067abde8aaaf7.html

【中国经济时报】中资银行国际化势在必行：中国人民大学国际货币研究所发布《2015中资银行国际化报告》

　　http：//www.cet.com.cn/ycpd/sdyd/1639822.shtml